# 田中将大、ニューヨーク・ヤンキースの超新星

マイケル・パート
堤理華 訳

作品社

Masahiro Tanaka
A Warrior in New York
by Michael Part

www.solebooks.com
Japanese translation published by arrangement with
Sole Books through The English Agency (Japan) Ltd.

【カヴァー写真】
2014年4月9日、ヤンキー・スタジアムでの
ボルティモア・オリオールズ戦に先発した田中将大の初回のピッチング。
撮影：Adam Hunger（USA TODAY Sports）

野球のすばらしさを再認識させてくれたひと、ジェニファーへ

# 第1部

## 二〇一四年　春

# 第1章
# 新メジャーリーガーの誕生

フロリダ州タンパ。ここにニューヨーク・ヤンキースが春季トレーニングをおこなう野球場、ジョージ・M・スタインブレナー・フィールドがある。そのブルペンで、ひとりの若者がウォーミングアップをしていた。この日のオープン戦は、現地では午後一時五分、日本時間では翌二日の深夜三時五分からはじまった。アメリカのメジャーリーグはすでに公式の春季トレーニング期間に入っており、若者はこの試合で、ヤンキースの一員としてのデビューを果たすのである。世界が注目するその瞬間は、刻一刻と迫っていた。ニューヨークは風が強く、荒れ模様の天気だったが、フロリダにはまぶしいほどの陽射しがあふれ、青く澄んだ空が広がっていた。

今回のオープン戦では、ヤンキースの投手はそれぞれが二イニングずつ、最大三五球という制限内でローテーションをする。ジョー・ジラルディ監督の方針だ。この日の先発のCC・サバシアはすでに投げ終え、現在は二番手の黒田博樹が二イニング目、四回の表を投げている。若者は三回の途中からウォーミングアップを開始した。彼はブルペンが好きだった。投げることを愛していたし、ここですべての雑念を振りはらい、戦いにおもむく準備を整えられるからである。ブルペン捕手のロマン・ロドリゲスが彼の投球を受けているあいだ、ブルペンコーチのゲイリー・タックは電話のそばに立ち、ジラルディ監督からの指令を待っていた。

のちに大勢の人々が、メジャーリーグでの初登板を迎えたときになにを思い、どんな気持ちがしたか、と若者に尋ねた。彼は、自分が緊張して少し落ち着かない気分になっていたことを認めたが、なにをするべきかはちゃんとわかっていた――ベネズエラ出身の捕手フランシスコ・セルベリのかまえるミットめがけて、ボールを思い切り投げこむこと。ただ、それだけだった。

若者自身は何事につけ単純明快に考えていたが、彼の周囲は〝田中将大《まさひろ》〟に対してまったく異なるスタンスでのぞんでいた。ヤンキースのオープン戦第五戦目となるこのフィラデルフィア・フィリーズとの試合には、日本から三社のメディアが駆けつけ、田中の投球内容を伝えるために実況中継する予定だった。とはいえ、田中が実際にマウンドに上がったのは、日本時間の午前四時一五分、日の出にはまだ二時間ほどかかる時刻のことである。試合開始前、レポーターのひとりが、日本にいる家族はテレビ観戦するのか、と質問した。彼は、あっさりとこう答えた。「まさか！　みんな寝ていますよ！」それを聞いて、周囲は笑い声につつまれた。

ブルペンの電話が鳴った。コーチのゲイリー・タックは、すばやく受話器を取りあげて指示を確認し、受話器を元にもどした。「タナカサン。時間だ！」

田中は頷き、気を引き締めた。さあ、いよいよだ。

そのとき、ある歌声が場内のスピーカーから流れてきて、球場全体に広がっていくのが聞こえた。ファンキー・モンキー・ベイビーズの『あとひとつ』――それは渡米前に所属していた東北楽天ゴールデンイーグルスの本拠地である仙台の球場で、自分が登板するときに流れる登場曲だった。あとひとつ。いいかえれば、もうひとつの勝利を、という意味にもなる。入団したばかりのアメリカのチームが、こんな粋なはからいで自分を迎えてくれるとは、彼は思ってもいなかった。ゲイリー・タックみずからがブルペンゲートを開いて、こう言った。「ガンバッテ！　タナカサン！」日本語で激励してくれたタックの思いが胸に迫り、田中は頭を下げて一礼すると、グラウンドへの一歩を踏み出した。

七年間で一億五五〇〇万ドル（約一六〇億円）という超大型契約をむすんで日本から来た新人投手は、マウンドへ向かって軽快に走っていった。あふれんばかりにスタンドを埋め尽くし、大歓声を上げている約一万一〇〇〇人の観客が目に映った。昨シーズンの日本で二四勝〇敗の記録を打ち立てたルーキー[▼1]の登場を、誰もが今や遅しと待ちかねていたのである。

メジャーのマウンドは固く、ボールも日本で投げ慣れていたものに比べると、わずかであるが大きい。しかし、この数か月、大きめのアメリカのボールで練習を積んできたので、もう準備は整っていた。捕手のセルベリが投げてきたボールを、田中はキャッチした。ふたりとも約一九〇センチと同程度の身長で、バッテリー間のキャッチボールはスムーズだ。田中は自信がみなぎってくるのを感じた。打席からグローブの内側が見えないようにしながら、ボールを回して縫い目を確認する。そして、ボールをグローブから出すやいなや、投球練習の最初の一球を投げこんだ。



▼1　田中の日本での通算成績は、99勝35敗3セーブ、防御率2.30、投球回数1315回、奪三振数1238。

もう一球、そしてもう一球。どの球にもキレがあった。セルベリが準備完了の合図をした。球審がプレイボールを宣言し、五回の表がはじまった。田中のイニングの開始である。

フィリーズの外野手で背番号18のダーリン・ラフ[2]が、肩にバットをかついで打席に向かい、二度、三度と素振りをしたあと、威嚇するようにバットをかまえ、自分も打つ準備が整ったことを新人の若者に知らせた。

田中は直球を投げ、ラフをはっとさせた。バットが空を切った。田中のメジャーリーグ第一投は――ストライク。とたんに観客が熱狂した。

満員のスタンドから湧き起こる地鳴りのような歓声は、田中にはなじみ深いものだった。日本にいたとき、愛する楽天イーグルスの一員として、彼がいつ、どこで投げようと、人々はいつもそうやって迎えてくれたからだ。今日のオープン戦は、世界に冠たる球団のファンとの初めてのデートだった。田中は以前、日本のファンに心からの感謝を示したことがある。二〇一一年――あの年に起きたことと、それに続くいくつかの試合を、田中は決して忘れはしないだろう。二〇一一年三月一一日、宮城県沖で発生したマグニチュード八・九の巨大地震が東日本を襲い、楽天の本拠地の仙台も甚大な被害を受け、チームは日本各地を転々としながら試合をすることを余儀なくされた。言語に絶する地震の惨状を目の当たりにして、日本全土に衝撃が走り、被災者は絶望と悲しみに打ちのめされた。

日本のプロ野球界は、母国のために立ちあがった。監督、コーチ、選手をはじめ、関係者全員が力を合わせた。市民はプロ野球の選手たちを心から愛してきた。だから、彼らが巨大地震の惨



▼2　ルフと表記される場合もある。

禍に苦しんでいるとき、これまでに寄せられた愛に報いるべく、すべてのチームが支援に乗り出したのである。大地を揺るがした地震によって、楽天の本拠地の宮城球場——通称Kスタ宮城▼3——も大きく壊れた。その日、楽天イーグルスは、仙台から遠く離れた兵庫県明石市で、千葉ロッテマリーンズとのオープン戦をおこなっていた。

地震と津波発生の知らせを受け、試合は八回途中で打ち切りとなった。

だが、チームは四月初旬まで仙台に帰れなかった。その間、選手やスタッフは各地のスタジアムで、ときには街頭に出て募金活動を展開した。また、支援物資の積み込み作業を手伝い、破壊しつくされた現地では入手もままならない生活必需品などをつめた無数の箱の上に、被災者を励ますためのメッセージをみんなで書きこんでいった。

田中将大は、当時の楽天の選手会長で捕手の嶋基宏《もとひろ》、やはり当時のチームキャプテンで外野手の鉄平、投手の永井怜《さとし》、岩隈《いわくま》久志（二〇一二年からシアトル・マリナーズに移籍）とともに、九州の福岡で開催された東日本大震災チャリティートークイベントに参加した。三月二六日に開かれたこのイベントは、福岡ソフトバンクホークスの内野手で、翌二〇一二年に現役を引退することになる小久保裕紀の呼びかけに、ホークス選手会が賛同して実現したものだった。

四月に入ると、全一二球団によるチャリティーマッチがおこなわれ、その後ようやく仙台に帰還できた楽天イーグルスは、四月八日、星野仙一監督以下、コーチ、選手が四班に分かれて被災地を訪問した。田中の班が向かったのは、東松島市。地震による津波で壊滅的な被害を受けた地域のひとつである。

▼3　2014年からはコボスタ宮城と呼ばれている。

四月下旬、ついにKスタ宮城の修復工事が完了し、試合を再開できる日がやってきた。楽天は本拠地の球場にもどったのである。その四月二九日の記念すべき試合に登板した田中は、期待どおりのピッチングを見せ、チームは対戦相手のオリックス・バファローズを三対一で下した。田中はつむじ風のように一三八球を投げきり、完投勝利をおさめた。試合後、チームの皆と一緒にふたたびグラウンドに現れたとき、田中はゆっくりと球場全体を見渡し、帽子をあげて観衆にこたえた。

心を打つセレモニーが終わったあと、田中は帽子をかぶり直し、星野監督やコーチ、ほかの選手たちと一緒に、全員でグラウンドを一周した。スタンドからは大勢のファンが腕を精一杯伸ばし、憧れの選手たちとのふれあいを求めてくる。自分に向かって差し伸べられる手と、田中はハイタッチしていった。とぎれなく続く、無数のあたたかな手。グラウンドをまわるチーム全員にとって、それは感動の瞬間だった。

あれから数年しかたっていないとは、田中には信じられないような気がした。今、彼は、野球史に刻まれた偉大な伝統の系譜のひとつに連なり、ジョー・ディマジオやルー・ゲーリッグやベーブ・ルースなど、世界の超一流選手を輩出したプロ野球チームの一員になろうとしている。今度は、田中将大が歴史を作る番だ。

数週間前、田中はニューヨークに接近中の猛吹雪を避けるため、深夜のフライトで東京を発った。「この時期のアメリカ東海岸は、どんな天候になるかまったく予測がつかないよ」と、楽天の前広報部長で、田中の個人マネージャーを務めることになった佐藤芳記《よしき》が言う。「定期便で飛ぶことにしたら、向こうに着くのが遅れるかもしれない」

田中はマネージャーの忠告を受け入れ、ジェット機をチャーターすることに決めた。しかも、ただのジェット機ではない。このとき日本航空でチャーター可能な機種は、最新鋭のボーイング787ドリームライナーだけだった。費用は一九万五〇〇〇ドル。だが、それがなんだというのだ？　彼は七年間で一億五五〇〇万ドルという破格の契約をむすんだばかりであり、そしてそこには、ヤンキースが楽天球団側に支払う二〇〇〇万ドルの譲渡金はふくまれていない。彼はこれから、世界に名だたるニューヨーク・ヤンキースの一員として、メジャーリーグの世界に紹介されるところなのだ。予定どおりに到着することが、彼に課せられた任務だった。

田中は車体の長い高級リムジンカーの後部座席に身を沈めて、入団会見に向かった。隣には、妻の里田まいが座っている。出発前、ホテルで軽く腹ごしらえをしたあと、取材陣に見つからないようにこっそりと近くのスーパーマーケットへ行って、寿司を買った。それなのに、ふたたび空腹感がこみあげてきた。リムジンは車列を縫うように走りながら、一路、ブロンクスのヤンキー・スタジアムを目指していく。車窓から見える風景は、前回高校時代に訪れたときとは、まるで別の街のように思えた。あのときは一日中雨が降り、なにもかもが灰色に濡れそぼって、どんよりと暗かった。今日は雪景色だとはいえ、太陽が明るく輝き、道路は除雪されて、地上から立ちのぼる水蒸気が、摩天楼を形作る高層ビル群の頂《いただき》のあいだで霧のように渦巻いている。

ヤンキー・スタジアムのカンファレンスルームは興奮でざわめいていた。田中は一段高くしつらえた演壇に向かい、自分の席に腰をおろした。彼の右にはヤンキースの監督ジョー・ジラルディ、左には環太平洋地区スカウトのジョージ・ローズがおり、田中の専属通訳を担当することになった堀江慎吾は左端の席に着いた。中央の演台の向こう側には、オーナーのハル・スタインブレナー、ゼネラルマネージャーのブライアン・キャッシュマンらが並んだ。この会見の重要性がひしひしと胸に迫り、田中は大きく深呼吸した。

ブライアン・キャッシュマンがマイクの前に立ち、アメリカ全土と日本から参集した二〇〇名以上もの記者を見渡した。普通であれば、ヤンキースはこの種の会見をマンハッタンの中心部でおこなう。しかし、田中将大に対する関心は異様に高く、取材のための記者証発行の申し込みが殺到したため、どう考えても、入団会見を開ける場所はブロンクスのカンファレンスルームしかなかった――二〇〇九年に完成した新ヤンキー・スタジアム内の高級ラウンジ、〝レジェンズ・クラブ〟[4]である。

「これはほんとうに大きな会見です」。ふたたび会場全体に目をやりながら、キャッシュマンは話しはじめた。「じつは、今日、車を運転しながら、こんなことを考えていたのです。ボスが存命であれば、きっとこの催しを誇りに思ったにちがいない、と」。キャッシュマンはふっと言葉を切って、数年前にタンパで死去した先代のオーナー、ジョージ・スタインブレナーに思いをはせた。〝ボス〟は三七年間にわたってヤンキースを統括し、その在職中にチームは七回のワールドシリーズ優勝、一一回の地区優勝を飾った。この会場にボスの精神がみなぎっていることを、キャッシュマンは感じた。ここには、ボスの息子のハルがいる。ヤンキースの経営は父から息子へと引き継がれ、現在は彼が球団の屋台骨を支えているからだ。「ヤンキースはつねに、最高の



▼4　正式にはレジェンズ・スイート・クラブといい、広さは約840平方メートル以上。1200名収容可能で、試合のない日は、記者会見、各種の宴席、パーティー会場などに使用される。

才能の獲得に全力を傾け、優秀な選手で陣容を整えて、優勝争いすることを目指しています。ただ、それだけではなく、ボスは注目を集めることも望んでいました。今回は、いうまでもなく、多くの注目を集めています。すなわち、これがヤンキースの大きさです。スタインブレナーの大きさなのです。今、わたしたちは新たなヤンキースのメンバーを公式に迎え入れる機会を得て、心躍る思いです。ニューヨークへようこそ、タナカサン」

田中は微笑《ほほえ》んだ。そして、感謝の意を表するために、大きく頷いた。

「われわれは徹底的に彼を調査しました。皆さんもご承知のとおり、われわれは大勢のスカウトを派遣しましたが、去年はシーズンが開始する前から検討会を重ね、彼が秘めている能力について議論を交わしました。彼が登板するホームの試合のすべてにスカウトを送りました。実のところ、われわれのスカウト活動は二〇〇七年にさかのぼるのです。昨シーズンはさらに綿密な調査をおこない、彼の能力を評価する体制を整えました」

田中との初回の移籍交渉の席で、ヤンキース上層部は、彼のためだけに製作した一〇分間の特別ビデオを上映した。それは、ヤンキースの過去と現在の栄光の軌跡を綴《つづ》ったもので、日本語の字幕が完備されていた。その心遣いが、はるばる飛行機に乗ってロサンゼルスに向かい、ヤンキースの交渉団と二時間の面談にのぞんだ若い投手の気持ちを動かした。ほんの数か月前のことなのに、今となっては、まるで遠い昔の出来事のように思える。この二か月のあいだに、事態はめまぐるしく変転していった。交渉に同席したヤンキースの環太平洋地区スカウトのジョージ・ローズは、あの震災のあと、二〇一一年四月下旬に仙台の球場で再開された試合を観戦していたことを、彼に告げた。ローズは、田中が試合後のヒーローインタビューで語った言葉を正確に覚えていた。「きみのようなキャラクターを持つ人材こそ……ヤンキースが求めているものなんだ」。そして今、田中はここにいる。

いよいよ、ジョー・ジラルディ監督が、田中にユニフォームと帽子を渡す瞬間がやってきた。日本では、エースピッチャーは背番号「18」をつけるという習慣がある。しかし、今回は少々事情が異なった。田中の同僚であり、先輩でもある黒田が、すでにヤンキースのエースピッチャーとして18番をつけていたからだ。したがって、田中は19番を選んだ。どのような背番号であろうと、自分の果たすべき仕事は、おのれの存在価値をプレーで証明することだけなのだから。そして、まだ二五歳という若さでありながら、目の前には最高の活躍の場《フィールド・オブ・ドリームズ》が用意されている。

ジラルディ監督は、自分の隣に座っている田中に優しく微笑みかけてから、演台に向かった。「われわれのスカウトは、何年も、何年も日本に足を運んできました」と、彼は言った。「とくに昨シーズンは、マサヒロの試合を視察するために幾度日本へ行ったかわかりません。その結果、彼こそ、われわれが切望している選手だと判明したのです」。ジラルディはふたたび会場を見まわした。「ほんとうに感謝しています。マサヒロはすぐれた投手であり、これから長きにわたってチームに在籍することが決まっている。われわれは期待に胸を高鳴らせています」。ジラルディはそう言うと、田中のほうに向きなおって、微笑んだ。「それでは、マサヒロ、立ってもらえないか。きみに帽子とユニフォームを渡し、ヤンキースの新たなメンバーとして正式に迎え入れたいと思う」

田中が背広を脱ぐのをジョージ・ローズが手伝い、ジョー・ジラルディがヤンキースの新しい投手に、背番号19のついたピンストライプのユニフォームを着せた。

田中は大きな息をついた。ユニフォームはぴったりで、背が高く、がっしりとした彼の身体によく似合った。これで田中は、正式にヤンキースの一員となったのである。会場に興奮が渦巻いた。ヤンキースの新たな時代がはじまろうとしていた。


二〇一四年のバレンタイン・デーに、田中はチーム専用機でフロリダ州タンパに降り立った。青いジーンズの上着の袖をまくり上げ、赤いシャツを着て、茶色の靴を履いた田中がグリーンカーペットを歩く姿を追って、四方八方からカメラのフラッシュがたかれた。しかし、到着時のそんな喧噪も、二週間後の三月一日土曜日、田中が初めてジョージ・スタインブレナー・フィールドに姿を見せたときの観客の大歓声に比べたら、いかほどのものでもなかった。スタンドを埋め尽くしたファンの全員が、話題の新人投手の登場を待ち望んでいたのだから。

田中は、ヤンキースのワールドシリーズ出場に貢献するのが自分に課せられた使命であることを、よく承知していた。そのための第一歩を踏み出すのが、この地となる。着替えるためにロッカールームへ向かう途中、田中は球団がフロリダの球場にもしつらえた、やや小さめの記念公園のそばを通り、自分がヤンキースに所属するずっと前に永久欠番になった背番号の記念碑を目にした。ベーブ・ルース――背番号3。一九二一年に飛距離約一七五メートルのホームランを放ち、また、年間最多本塁打記録を三四年間保持し続けた男。その大記録を破ったのが、背番号9のロジャー・マリスだ。[5]背番号5の記念碑は、ジョー・ディマジオである。彼は一九四一年の五月から七月にかけてヒットを打ち続け、五六試合の連続安打記録を達成した。そして、輝かしい背番号4は——ルー・ゲーリッグ。一九三四年、彼はヤンキース史上に残る偉大な成績をおさめ、首位打者・最多本塁打・最多打点の三冠王に輝いた。五年後の引退セレモニーで、彼は世界に向けて別れのスピーチをおこない、自分は地球上でもっとも幸せな男だと述べた。[6]田中は、その気持ちがわかるような気がした。目前に迫ったデビュー戦について考えすぎるのはやめよう、と彼は思った。同胞の黒田博樹が自分の登板前に投げてくれるのだし、また鈴木一朗も外野で守備についてくれる。イチローは日本では伝説的な存在だった。この日のオープン戦が日本で大騒ぎになっていることについて感想を求められたとき、イチローはこんなふうに語った。「新しい選手というものは、かならずいつの日か現れて、これと同じ騒ぎが繰り返されていくんだと思うよ」。このときイチローが念頭に置いていた選手こそ、田中であった。

田中が初めて捕手のフランシスコ・セルベリとブライアン・マキャンに会ったのは、ニューヨークを飛び立った球団専用機の機内だった。全員で配球戦略やサインについて話し合い、田中は自分の七つの球種についてくわしく語った。もちろん、どちらの捕手も、彼の有名なスプリットのことを知りたがり、田中はにやりと笑って警告した。「気をつけてください。一見したところは直球だけど、だまされないで。急に変化するんです、鋭くね」と、田中は通訳の堀江をとおして答えた。今、言葉で説明するのはこれくらいでじゅうぶんだろう、と田中は思った。自分がマ



▼5　ルースの記録は1927年の60本。マリスは1961年に61本塁打を放ち、これを更新した。年間61本塁打は現在もアメリカン・リーグ記録。
▼6　ゲーリッグは筋萎縮性側索硬化症（ALS）を患い、1939年に引退した。1941年に37歳にて没。1934年の成績は、打率.363、本塁打49本、166打点。

ウンドに立ち、メジャーリーグの打者と初対戦する日がくれば、お互いにもっとよく理解しあえるのだから。セルベリは、ヤンキースの新たな戦士となった田中将大がメジャーリーグの試合での第一球を投じるとき、その球を受ける捕手になりたい、と心の中でつぶやいた。その願いは、遠からずかなえられることになる。

ダーリン・ラフにセンター前ヒットを打たれたあと、田中はもう二九球を投げ、三つの三振を奪った。田中がスプリットを投げたとき、ベテラン外野手のリビアは球筋を見失った。六回が終了し、小走りでベンチにもどると、田中はチームメイトたちとハイタッチを交わした。三二球という自分の投球数が誇らしかった。ジラルディ監督とコーチのロスチャイルドは三五球の制限を課したが、それよりも三球少なく、しかも無失点で二イニングを投げ終えることができた。上々のスタートだった。

# 第2章 オープン戦初の先発登板

完璧な投球内容とまではいかなかったが、田中将大には、二〇一四年三月一日は記念すべき日となった。ヤンキースの春季トレーニング期間中のオープン戦初登板は、まずまずの成功だな、と田中は思った。なによりも、アメリカのプロ野球チームの試合を体験できたことが大きい。それに加えて、ようやく〝ブロンクス・ボンバーズ〟[1]と呼ばれるチームメイトたちの仲間入りができたような気がする。田中にとって、友情は大切なものだった。フィラデルフィア・フィリーズの春季キャンプ地クリアウォーター[2]のロッカールームに座り、雑念を追いはらおうとしているうちに、ふと楽天の仲間たちの姿が心に蘇《よみがえ》ってきた。リリーフピッチャーだったアメリカ人のダレル・ラズナーも、だいじな友人のひとりだった。

楽天が日本シリーズを制覇した二〇一三年、ラズナーは右肘のトミー・ジョン手術を受けるため、シーズン終盤の九月にアメリカへ帰国した。これは、野球界では非常によくおこなわれる手術で、一九七四年にフランク・ジョーブ博士が考案し、当時ロサンゼルス・ドジャースのエース



▼1 “ブロンクスの爆撃団”という意味。ヤンキー・スタジアムの所在地であるブロンクスと、打線の破壊力からついたニックネーム。
▼2 タンパの西37キロほどのところにあり、タンパ、セントピーターズバーグとともに、タンパ・ベイエリア大都市圏を構成する。

ピッチャーだったトミー・ジョンに対しておこなった治療法である。▼3 ラズナーが帰国したあと、楽天が日本一に向けて戦っていたある日、中継ぎ陣の投手のひとり青山浩二が、彼の背丈以上もあるパネルをフィールドに運んできた。マウンドにいた田中は、青山がいったいなにを運んでいるのか、そしてなんのために自分のところへ持ってこようとしているのか、狐につままれたような気分で見ていたが、青山がマウンドにたどり着いてパネルを彼のほうに向けたとき、思わず笑いころげそうになった。青山は彼のところに、大切な仲間であり、かつチームの守護神だったダレル・ラズナーの等身大のパネルを持ってきたのである。

「ラズナーがいなくなって、寂しがってただろ。知ってたよ。だから、ちょっと姿が見たいんじゃないかと思ってさ」。若者ふたりは、いっそう大きな声で笑いだした。

田中は青山の思いやりに心を打たれ、ハイタッチを交わした。「浩二さん、これは強力な助《すけ》っ人《と》ですよ。みんなでがんばりましょう」と田中はこたえた。

そして試合のはじまる前、記事のネタを探す記者たちが次々にグラウンドにやってきたので、田中は微笑みを浮かべながらアメリカ人の友のパネルの隣に立ち、いくつかの写真におさまった。もちろんダレル・ラズナーは、田中のかけがえのない仲間だったが、その日青山浩二が自分にしてくれたことは、ほかのなににも増してうれしく、そして愉快な出来事だったのだ。

フロリダ州クリアウォーターでのフィリーズ戦は、午後一時五分に開始される予定だった。ところが雷雲が発生し、球場のブライトハウス・フィールドは土砂降りの雨に包まれた。屋外にいた観客たちは大あわてで屋根の下に避難し、空を縦横に駆けめぐる稲妻を見つめている。そのう



▼3　ジョーブ博士は2014年3月6日、奇しくもこのヤンキース対フィリーズ戦の日に、カリフォルニア州サンタモニカで死去した。享年88。

ちに、竜巻警報まで発令された。田中はにやりとして、ロッカーを閉めた。嵐が来ようと、関係はなかった。彼自身が嵐だったのだから。

田中は雷鳴に耳を傾け、稲妻が宙を裂いて光っては、すぐ近くに雷が落ちるさまを見つめた。ニューヨーク・ヤンキースのオープン戦での第二回目の登板時刻が迫っていた。今回はここ、クリアウォーターが戦いの場である。スタインブレナー・フィールドからフィラデルフィア・フィリーズのキャンプ地に来るまでの約三〇分のあいだ、田中はバスのなかで、ほぼずっと目を閉じていた。ときどき片目を開けては、空の様子を確認した。嵐が迫っていた。今日は先発で登板、そして相手チームの投手はカイル・ケンドリックである。二〇〇四年にオールドコーチマン通りに建設されたブライトハウス・フィールドは、正式名称をブライトハウス・ネットワークス・フィールドといい、八五〇〇人の観客を収容できる球場だ。今日のグレープフルーツ・リーグの試合は五〇ドルもしたが、チケットは完売していた。

フロリダ州では、数多くのメジャーリーグのチームが春季トレーニングをおこなう。そうしたチーム同士で試合をするグレープフルーツ・リーグが結成されたのは、一九一三年にシカゴ・カブスが州中部のメキシコ湾岸にあるタンパを、クリーブランド・インディアンスが州北西端のペンサコーラをキャンプ地に選んでからのことだった。タンパに来るまでのヤンキースは、ニューオーリンズやアリゾナ州のフェニックスなどをキャンプ地にしていた。▼4 フロリダで初めてシーズン前のトレーニングをおこなったのはフィリーズで、一八八九年に北東部のジャクソンビルで数週間を過ごした。フロリダに決めた理由は、東海岸よりも気候が安定していたからである。暑い



▼4　ヤンキースが春季トレーニングを開始したのは1901年で、そのときのキャンプ地はメリーランド州ボルチモアだった。フロリダでは、セントピーターズバーグ（1924～42年、1946～50年、1952～61年）、フォートローダーデール（1962～95年）でキャンプをおこなっており、1996年にタンパへ移った。

うえに湿度も高かったが、東海岸に住んでいた彼らはそれらに慣れており、どうということはなかった。

フィリーズが手ごわいチームであることは、田中にはよくわかっていた。オープン戦で二回目の登板となる今日の試合は、先発として出場するため、前回よりもいっそう重要な意味を持つ。新人投手であることなどは斟酌《しんしゃく》せず、フィリーズはその強力打線をぶつけてくるだろう。チェイス・アトリー、ライアン・ハワード、ドモニク・ブラウン、カルロス・ルイーズ、マーロン・バード——いずれ劣らぬパワー・ヒッターだ。こうした一流選手との勝負を考えるとわくわくする。田中にとって、チャレンジこそすべてだった。

フィリーズの打線や、これから対戦することになるメジャーリーグのチームの詳細は、きちんと頭に入っていた。それも仕事のうちだった。高校三年生のとき、二〇〇六年度日米親善高校野球大会の全日本選抜チームのひとりとして、初めてアメリカの地を踏んだときも、対戦相手の研究を怠《おこた》らなかった。当時でさえ、野球は田中の人生そのものであり、そしてアメリカには、挑戦したいことのすべてがそろっていた。

とはいえ、フィリーズは特別な存在である。なにしろ、アメリカのプロスポーツ界でもっとも古い歴史を誇るチームであり、創立は一八八三年にさかのぼる。そしてスポーツは、アメリカ人のDNAに組みこまれている、といってもいい。

二〇一四年三月六日、田中がロッカールームを出ると、あたりはカメラでいっぱいだった。この試合は雷雨のために、開始が一時間半も遅れているのである。そんな状況にもかかわらず、新人選手に対してメディアがこれほど狂奔《きょうほん》するのは、かつてないことだった。田中に関しては、これまでの常識はすべて覆っていた。彼の潜在能力に対する関心はいやがうえにも高まっており、オープン戦での田中の登板試合は、はじまったばかりの今年の野球界でいちばんの話題だった。今日のフィリーズ戦は、ヤンキースのオープン戦の一〇試合目にあたる。

大手スポーツニュース会社『ESPN』のアンドルー・マーチャンドが、ごったがえす記者のあいだをぬってグラウンドに向かおうとする田中の口元に、マイクを突きつけた。「今回は、ヤンキースで初の先発登板ですね。フィリーズの先頭打者からあたることになります。リーグでも屈指の打者がそろっています。それに対する準備は整っていますか？　不安はありますか？」

「いえ、まったく。試合では、いつも相手チームの最高の選手と対戦したいと考えていますから」と田中は答えた。「今日はそうなるでしょう。自分の投球が彼らにどれほど通用するのか、見てみたい。それがだいじなことなんです」。田中は礼儀正しく頷いてから、身体を斜めにして大勢の記者のあいだをすり抜け、投球練習をするために外へ向かった。

広いグラウンドのフェンスにはビールなどの巨大な広告板がずらりと並んでおり、それよりも一段高いところには赤地に白く〝ワールドチャンピオン〟と誇らかに記した、フィリーズのワールドシリーズ優勝を記念するボードがそびえている。そうしたなかで、ぽつんと小さく見える田中が、雨水をたっぷりと吸いこんだ外野を、ゆっくりと歩いていく。そして、自分のいる場所と本塁との位置関係をたしかめながら、ボールがはまり込んだり、あるいはイレギュラーバウンドをしてヒットに——悪くすれば長打に——なったりするような凹凸《おうとつ》が地面にないかどうか、調べていった。状態のよくない場所を見つけるたびに、それを念頭に置いて投球できるよう、位置を頭に刻みつけた。投手であれば、当然把握しておかなければならないことだと考えていた。グラウンドのチェックを終えた田中は、四〇〇フィート（約一二二メートル）の印のあるところからマキャンに何球か遠投し、肩をあたためた。

そのうちに雷雲が遠くへ去り、竜巻警報も解除されて、試合がはじまった。一回表のヤンキースの攻撃が終わると、田中はマウンドに立ち、マキャンを相手に軽いウォームアップをおこなった。マキャンの背後に見えるダグアウトは、まだ豪雨のなごりをとどめており、水が五センチほど溜まっている。気温も高く、蒸し暑い。やがてフレディ・ガルビスが歩み出てきて、何回か素振りをすると、打席に入った。フィリーズの先頭打者である。

田中は自分の身体の動きに精神を集中した。どんな球を投げるか、相手に見抜かれてはならない。そして振りかぶると、第一球を投げた。一方、ガルビスのほうは、がつんと一発食らわせてやりたいと考えていた。この新人の評判は、くさるほど聞かされていた。

初球は直球が低めに決まってストライク。ガルビスはただちに気持ちを切り替え、田中の身体の動きからどんな球が来るか予測しようとした。

ところが、ボールは意表を突く軌跡を描いた。まっすぐかと思いきや、ベースの直前でワンバウンドして手元に飛びこんできたのだ。ガルビスは、あやうくバットを振るところだった。球筋を読み切れない。田中はボールの握りと腕の振りを、打者の視界に入らないようにしている。ふたたび同じ軌跡を描いたボールがワンバウンドしたとき、ガルビスはすかさずバットを振り、なんとかバットに当てた。快音を響かせてぐんぐん飛んでいくはずだったのに、背後で主審がファウルをコールする声が聞こえた。

二—二のカウントで迎えた第五球目、ガルビスはスライダーを打ってファーストゴロに倒れた。してやられたな、とガルビスは思った。だが、とにかく、あのスプリットは二回見た。いずれもベースの直前で、まったく同じ場所でワンバウンドした。正直、びっくりする。それでも次は見ていろ、やってやるからな、とガルビスは心に誓った。彼はタフな男だった。

かつてはメジャーのリリーフ投手として活躍し、現在はフィリーズでラジオの実況中継を担当しているラリー・アンダーセンは、舌を巻いた。田中のスプリットはすごい。「これが田中の決め球になるのはまちがいないでしょう」と、アンダーセンは述べた。

ガルビスを打ち取り、田中は一息ついた。とにかく先手を取っていれば、余裕を持って投げていける。まず、球種を試すことができた。これから微調整していこう。とはいえ、次にあたるときは、ガルビスは猛然と襲いかかってくるにちがいない、と田中は思った。

一回表のヤンキースの攻撃では、デレク・ジーターはサードゴロに倒れていた。オープン戦がはじまってから今日の試合まで、ヒットを一本も打っておらず、打率には〝ゼロ〟がならんだままである。ジーターは、今季かぎりで引退するつもりだった。昨シーズンの二〇一三年は、前年のプレーオフ中に左足首を骨折したせいで、一七試合しか出場していない。だが、春季トレーニングに参加しているあらゆる選手と同様、彼もまた、自分の実力を証明したいと願っていた。田中のヤンキース入団によって雰囲気は見ちがえるほどに活気づき、彼の闘志と意欲をかきたてた。

三回には、ふたつの注目すべき出来事が起きた。まず、三回表のヤンキースの攻撃で、ジーターがシングルヒットを放ち、打率〇・〇〇〇の行進は終わりを告げて、ジーターをほっとさせた。また、その裏のフィリーズの攻撃では、一回に対戦したあとも田中の投球をじっくり見きわめていたガルビスがふたたび打席に立ち、膝元に来た直球をフルスイングして、スタンドに放りこんだ。スコアは一対一の同点になった。ベースを一周する途中、ガルビスはマウンド上の投手に向かって、にやりとしてみせた。

今回の試合では、田中はフィリーズの強力打線のひとり、チェイス・アトリーとの対戦も楽しみにしていた。アトリーは、田中のスプリットに瞠目《どうもく》した。膝の高さめがけて矢のように飛んできたボールが、本塁ベースに到達したと思ったとたんに消えうせ、一流打者と呼ばれる自分が、かすることもできずに空振りしたのである。三振で仕留めたのはアトリーだけだったが、田中は満足していた。なんといってもアトリーは、メジャーを代表する打者なのだから。

凡退につぐ凡退を過去に葬り去る決意を固めたジーターは、五回に二塁打を放った。ヤンキースは、フィリーズを四対三で破った。田中は三回を投げ、被安打二、無四球、一失点という内容だった。

勝ったとはいえ、田中の投球には不安定な要素があった。そのことは、試合中の田中の一挙手一投足に目を凝らしていたスポーツ記者が書いた記事だけでなく、田中自身が口にした反省の弁からも明らかだ。「今日の投球内容は、最高の出来ではなかったと思います」と田中は述べた。「それでも全体の結果から振り返ってみれば、まあまあだったんじゃないでしょうか」。田中はまだ、中四日で投げるよりも、一週間おきに投げるリズムに慣れていた。

　しかし、はたから見れば、田中の投げたスプリットは、どれも驚嘆すべき出来栄えだった。もちろん、全員が畏怖《いふ》を感じたわけではない。とりわけ、ベテランの打者たちは、なにを小癪《こしゃく》な、と思っただろう。それでもフィリーズの一塁手のライアン・ハワードは、メディアにこう語った。

「田中のスプリットは、侮《あなど》ったら大変なことになる。みんな、対策を考えなくちゃならないよ」

　田中は登板を終え、一週間の休養に入った。

# 第3章 インタビューで見せた素顔

フィラデルフィア・フィリーズのフロリダの本拠地でおこなわれたフィリーズ戦に、田中とヤンキースが勝利をおさめてから四日後の三月一〇日、田中はインタビューを受けた。『ESPN』のスポーツ・ジャーナリスト、アンドルー・マーチャンドとのQ&Aである。終わったあとで、なんだか妻のことまで話してしまったな、と田中は思った。しかし、アメリカのメディアのインタビューでもあり、それほど気に病んだわけではない。記者たちと話すのはきらいではなかった。とはいえ、彼の頭を占めていたのは、数日後に迫ったアトランタ・ブレーブスとの対戦だった。

マーチャンドは、少年時代に野球以外のスポーツをしたことがあるか、と田中に尋ねた。田中は、学校の体育の授業もふくめていいのか、と聞き返した。日本の学校では、体育は必修科目とされている。以前はアメリカでもそうだったが、一九六〇年代から二一世紀にかけて、アメリカの教育界は、予算の関係で体育の授業を中止してしまった。

「いっしょうけんめいやりました」と、田中は、体育の授業を思いだしながら答えた。

妙にかまえたりせず、率直に答えようとする田中の姿勢に、マーチャンドは好感を持った。そして、野球以外にするのが好きなスポーツはあったか、と重ねて訊いた。

田中の顔が、ぱっと輝いた。「ほとんどすべてですね」

「ほとんど、というと？」

すると、今度は顔を赤らめ、「いや、バスケットボールが……」と言いよどんだ。

「ああ、バスケットボールはあまり得意ではなかった？」

「最悪でした」。田中はそう答えて、くすくすと笑った。

マーチャンドは、ほかにいくつかの質問をしたあと、話題を音楽に移し、どんなジャンルの音楽がいちばん好きか、と尋ねた。もちろん、田中の妻が日本のアイドル歌手であることは知っている。

「おもに日本のポピュラー音楽です」

「奥さんの曲？」と、マーチャンド。

田中は笑い声をあげた。「妻の曲とはかぎりませんよ。妻のファンにならないとだめだ、というわけではないでしょう？」

ふたりは顔を見合わせて笑った。

「野球の話にもどるほうがよさそうだね」とマーチャンドは言い、これまでの野球人生でもっともプレッシャーを感じた試合はどれだったか、と尋ねた。意外なことに、田中が口にしたのは、メジャーリーグでの初登板となった三月一日のフィリーズ戦ではなかった。

「昨年のワールド・ベーシック・クラシック（WBC）だと思います」。田中は、背番号17をつけて戦った、二〇一三年の第三回WBCをあげた。日本は、それぞれ二〇〇六年と〇九年におこなわれた過去二回のWBCに優勝しており、田中は侍ジャパンの一員として、世界の強豪相手にタイトル防衛を賭けて争う覚悟を固めていた。ちょうど一年前、メジャー初の先発登板をしたのと同じ三月六日、田中は福岡で、キューバ戦のマウンドに立った。この試合には、一次ラウンドの全勝がかかっていた。田中は四回と五回をまかされて三四球を投げ、六つの三振を奪い、被安打三、失点一という成績だった。だが、日本は三対六でキューバに敗れた。その二日後におこなわれた二次ラウンドの台湾戦で、田中はふたたび登板し、このときの試合は四対三で日本が勝った。最終的に、日本は本大会で三位に終わり、優勝することはかなわなかった。「それに日本シリーズも」と、WBCの記憶を振りはらいながら、田中は言葉を続けた。「日本シリーズでの登板も、すごくプレッシャーがありましたね」。二〇一三年のWBCは三月に、東北楽天ゴールデンイーグルス対東京読売ジャイアンツの戦いとなった日本シリーズは、一一月におこなわれた。楽天は、日本代表チームが果たせなかった夢を実現した。シリーズの終盤、田中は二日間で一七五球を投げ、メジャーリーグのスカウト陣や監督たちは、その投球数の多さに仰天し、田中の腕の状態をおおいに案じることになった。田中は第六戦に一六〇球を投げて敗れた翌日、楽天が三対〇とリードしていた最終戦の九回にリリーフとして登板し、一五球でジャイアンツの打者を封じた。日本一という頂点を目前にしたマウンドを誰に託すかという究極の選択に際して、星野仙一監督は▼1チームの絶対的なエースピッチャーに、その栄光を与えたかったのである。なにしろ、その年の



▼1　田中は第6戦の敗戦翌日に、みずから登板を志願し、7回からブルペンで投球を開始した。

シーズンを二四勝〇敗、防御率一・二七という成績で終えたばかりか、二〇一二年の八月二六日から登板した試合のすべてをふくめれば、日本シリーズ第六戦で敗戦投手となるまでのあいだ、先発投手として三〇連勝という記録を打ち立てていたのだから。▼2 しかし、そんな田中であっても非常に緊張したのは、それが日本シリーズの試合だったからだろう。これは、日本野球界でももっとも重要な戦いであり、田中は愛する楽天のために、是が非でも勝ちたかったのだ。そして、その日のスタジアムには、大勢のスカウトが訪れていた。

インタビューが終わり、田中はアンドルー・マーチャンドに礼を述べて、別れた。空腹だったので、春季キャンプがはじまったばかりの二月一八日に昼食会をしたレストランに行った。家に帰ってもひとりだったからである。レストランは、快くもてなしてくれた。二月の昼食会は、MLBプロブログのライター、アルフレッド・サンタシーアのインタビューだったが、故郷の日本の味を楽しむ機会でもあった。もちろん、専属通訳となった堀江慎吾が一緒だったし、田中を見いだした環太平洋地区スカウトのジョージ・ローズや、個人マネージャーの佐藤芳記も同席した。全員そろって、タンパ一といわれるこの寿司バーに集まったのである。上機嫌の田中は、メニューの値段をたしかめることもなく全員のぶんをオーダーし、日本語で次から次へと堀江に料理の名前を伝えていった。

食事を楽しむうちに、話題の中心は田中の高校のことになった。田中は熱心に語った。高校時代は田中の人生で、とても充実した、幸せな時期だったからである。田中は特色あるカリキュラムをそなえた、駒澤大学附属苫小牧高等学校に通った。日本のなかでも、傑出した野球教育をお



▼2　2012年8月26日～10月8日までの4連勝、2013年度のシーズン24連勝、ポストシーズンの2連勝（クライマックスシリーズ／10月17日、日本シリーズ／10月27日）を合計した記録。2013年11月23日に、この連続勝利数30のほか、単独シーズン連続勝利数24、公式戦連続勝利数28（当時継続中）によって、3つのギネス世界記録に認定された。

こなっているところだ。たったひとつの難点は、関西の田中の自宅から、飛行機で二時間かかる北海道の地にあることだった。

「小さい子供のときから、野球選手としての自分の技術を高められるのはどこだろう、と考えていたんです。そして、苫小牧の練習を見学しにいって、自分にはここしかない、と確信したんです」。駒大苫小牧高校在学中は一日に九時間練習した、と田中は言った。

「学校の授業が午後の一時に終わると、それから夜の一〇時くらいまで練習をしました。ほかの部員たちと一緒に、深夜まで続けたこともあります」

「それで、野球部の戦績はどうだったんだい？」とジョージ・ローズが尋ねた。

「ぼくたちは、いくつかの大会で優勝しました」と、サーモンのカリフォルニアロールをほおばりながら、田中が答えた。「苫小牧は、ぼくが入学する前から、とてもいい成績をおさめていたんです。だから、その流れを止めちゃいけないという、相当なプレッシャーがありました」

「若い子にとっては、それはかなりのストレスだね」とローズが言った。

田中は首を振った。学校はストレスを感じていたかもしれないが、彼自身はそうではなかった。

「そんなことはありません。試合で投げている最中は、違うんです。試合が終わると、たしかにほっとするから、ああ、プレッシャーを感じていたんだな、と気がつくんですが、マウンドにいるときは、そんなことは関係ない。果たすべき使命があるから。勝利を目指してがんばっているときは、いつも夢中で楽しかった」

「ヤンキースに入団する前の二四勝〇敗のシーズンについては？」とアルフレッドが尋ねた。

「毎回、登板する試合に集中していました」と田中は答え、肩をすくめた。「そうしたら二四勝してたんです」。そして、田中はこぼれるような笑顔を見せた。

「多くの球団がきみにオファーをしたけれど」とアルフレッド。「なぜヤンキースに決めたの？」

「いちばん真剣にぼくの獲得を望んでくれたからです」と田中が言った。「あれ以上の評価はありえない。ヤンキースには、すばらしい伝統があります。誰もがヤンキースでプレーしたいと願っています」。そう言うと、田中は箸を置き、あたたかなおしぼりを取って、手を拭いた。そして、椅子の背に寄りかかり、言葉を続けた。「その機会を逃すなんてことは、考えられませんでした」

第4章
# 史上最高の守護神マリアノ・リベラ

二〇一四年三月一四日の金曜日、田中将大は夜遅く眠りについた。

メジャーリーグで〝部隊の分割《スプリット・スカッド》〟といえば、文字どおりの意味となる。つまり、それぞれが異なる相手と対戦できるように、チームをふたつに分けるのである。三月なかば、ヤンキースは、タンパにとどまる残留組と、カリブ海を渡ってパナマへ向かう遠征組にチームを分けた。パナマ組は三月第三週の週末をその地で過ごし、かつての仲間を母国で待っているマリアノ・リベラと合流することになっている。そして、パナマの首都、パナマシティのロッド・カルー・スタジアム▼1で、〝レジェンズ・シリーズ〟と銘打った、マイアミ・マーリンズとの二連戦を土曜と日曜におこなう予定だった。

田中も、二〇一四年に開通一〇〇周年を迎えるパナマ運河を見ることができたら、きっと楽しかっただろう。しかし、残念ながら同時に二か所に存在することはできない。パナマ組が運河地帯の太陽にあぶられながらマーリンズと対戦しているあいだ、田中はフロリダ州タンパの蒸し暑



▼1　正式名称はパナマ国立スタジアム（エスタディオ・ナシオナル・デ・パナマ）。1960～80年代にメジャーリーグで活躍したパナマ系アメリカ人ロッド・カルーを記念し、2004年に改称された。カルーは1985年に通算3000本安打を達成、1991年に野球殿堂入りを果たした。

いジョージ・M・スタインブレナー・フィールドで、アトランタ・ブレーブスとの初顔合わせにのぞむ。この週末に観戦するファンは、一試合ぶんの値段で、タンパとパナマシティの試合の両方を見られるという特典が付いていた。だが、MLBテレビがタンパの試合を中継したところ、パナマに設置されたスクリーンにはなにも映らず、真っ黒のままというハプニングが起きてしまった。

タンパには、パナマ遠征に加わるはずだった選手がひとり、残っていた。捕手のブライアン・マキャンである。マキャンも、建築工学の奇跡のようなパナマ運河を見たことはなかったが、入団したばかりの期待の新人投手の登板日が日曜にあたるので、彼のために本塁の後ろでどっしりとかまえていてやりたかったのである。

その週末、パナマはいつものように、うだるような暑さだった。赤道近辺に位置するため、気温は高く、湿気も猛烈だ。太陽は、一年三六五日変わりなく、午前六時に昇り、午後六時に沈む。もちろんタンパの暑さも相当なものだが、パナマのほうは〝酷暑〟といっていい。

球団はチームをふたつに分ける際、マリアノ・リベラのチームメイトだった選手たちを遠征組のメンバーに選び、彼らで二連戦をおこなって、大切な仲間に別れを告げる機会をもうけることにした。このパナマシティへの旅は、ヤンキースの〝レジェンドたち〟に敬意をはらうためのものだった。一九六九年にパナマの運河地帯に生まれたリベラは、ヤンキース球団を母国に迎えるホストの役割を果たす。そのリベラこそ、ヤンキースの輝くレジェンドのひとりだった。彼は一九九〇年から二〇一三年まで、ヤンキース一筋で過ごしてきた。九五年にメジャーに昇格してから一九シーズンを投げ抜き、先年引退したばかりである。最終シーズンとなった二〇一三年の成績は、六勝二敗四四セーブ、防御率二・一一、奪三振数五四。メジャー時代を通算すると、一一一五試合に登板し、八二勝六〇敗、歴代最多の六五二セーブを誇る。通算防御率も、二・二一。リベラと苦楽をともにした仲間たちは、彼が引退してチームを去ったことを寂しく思っており、今回の訪問と再会を心待ちにしていた。このパナマ遠征が、背番号42▼2の一年におよぶ引退セレモニーの締めくくりとなる。リベラにとっては、栄光の瞬間だった。母国でヤンキース対マーリンズの親善試合を開催することは、大きな名誉だったからだ。そして、かつての仲間たちは、この地に足をおろした瞬間から、モー・リベラ▼3がパナマ随一の英雄であることを知った。

　一方、タンパでは、田中がアトランタ・ブレーブス戦にそなえていた。マキャンは、自分の古巣との試合で、田中の球を受けるのが楽しみだった。彼は二〇〇五年から一三年までアトランタ・ブレーブスでプレーしており、二〇一三年末に五年総額八五〇〇万ドルでヤンキースに移籍したときには、球界を代表する捕手のひとりに数えられるようになっていた。

　残念ながら、レジェンズ・シリーズの初戦にあたる土曜日の試合は、ヤンキースの完敗だった。その前日、ヤンキースの遠征チームは、全員でパナマ運河を見学した。元ヤンキースのスーパースターであるリベラはホストとして、故ジョージ・スタインブレナーの娘ジェニファー、ランディ・レビン社長、監督やコーチ陣を案内した。選手のなかには、デビッド・ロバートソンの姿もあった。今季から、リベラの代わりにクローザーを務める右腕である。一行は、パナマ運河の太平洋側から六キロの地点にあるミラフローレスロックで、長い時間を過ごした。この閘門《こうもん》▼4のビ



▼2　背番号42は、人種的偏見の強かった1940～50年代に活躍し、黒人のメジャーリーグ入りの道を開いたジャッキー・ロビンソンの功績をたたえ、1997年に全球団共通の永久欠番に指定されたが、その決定がなされる以前から同じ番号をつけていた選手には、使用が認められていた。リベラが42を使用した最後の選手である。

ジターセンターには、大勢のファンがつめかけており、選手もコーチもジラルディ監督さえも、彼らにサインをしたり、すぐ隣の運河を大型貨物船が悠々《ゆうゆう》と通航していくのを背景に、写真におさまったりした。建物内の博物館には、パナマ運河全体の模型が展示されており、長大な運河の仕組みがわかるようになっていた。

その後、リベラとジーターとロバートソンは一行と別れ、三人でパナマシティの小児病院を慰問した。

マーリンズとの第一戦がおこなわれる土曜日、ヤンキースは早めにロッド・カルー・スタジアムに着いた。試合前に、リベラが始球式をおこなうと（外角低めに決まった）、満員の観客は一分以上にわたって喝采を送った。スタジアムを埋め尽くす人々が歓呼の声をあげる姿に、モー・リベラは激しく心を動かされ、一瞬目を閉じて、神に感謝を捧げた。各チームの選手がグラウンドに登場したとき、リベラと同じ歓声で迎えられたのは、ただひとりだけだった。デレク・ジーターである。それは、ジーターがリベラの親友だからという理由のみではない。人々は、このスーパースターにとって、今年がメジャーリーグ最後のシーズンになることを知っていたのだ。自分たちが歴史の証人であることを、彼らは自覚していた。

ところがヤンキースは、マーリンズの投手から、ヒットを一本も打てなかった。この週末の試合では、絶対に活躍したかったにちがいないジーターは、三打数ノーヒットで終わったばかりが、ふたつの三振まで喫した。だが、ふがいない成績だったとはいえ、チームと友人のために出場できたことは、彼にとって大きな喜びだった。



▼3　“モー（Mo）”はリベラの愛称。
▼4　閘門（ロック）は、水位差の大きい運河や河川に船舶を通過させるための装置。高低差の大きい水面を扉で仕切り、水位が同じになるように調節して、船舶を進ませる。

ジラルディ監督は、敗戦を潔《いさぎよ》く受けとめた。

マーリンズの先発投手ブラッド・ハンドは五回まで投げ、ヤンキースの打者から三振を六つ奪った。その後、六回をスティーブ・シーシェックが、七、八回をA・J・ラモスがきっちりと抑え、最後はアルキメデス・カミネロが締めた。

〝ブロンクス・ボンバーズ〟の打線は完全に封じられ、二連戦の初戦を五対〇で落とした。

ヤンキースの先発は、二〇一二年にメジャーに昇格したアンディ・ウォーレンで、マーリンズ打線をヒット二本に抑えた。「親善試合というより、レギュラーシーズンの試合のような気がしたよ」と、ウォーレンは記者に語った。パナマの観客は熱狂的で、球場の雰囲気は明るく、開放感に満ちていた。ウォーレンは四回三分の一を投げて降板したが、悲しいかな攻撃陣は、最後まで不発に終わった。▼5

まあ、明日に仕切りなおすさ、とジラルディ監督はつぶやいた。試合はふたつある――タンパと、ここパナマシティと。午後二時五分からはじまるパナマの試合の先発は、CC・サバシアだ。そして選手たちは、勝利に飢えていた。

さて、タンパでは、土曜の午後、田中はウォームアップへ向かう途中で、軽い食事をすませた。運がよかったな、と田中は思った。パナマ組にはデレク・ジーターが同行しているかもしれないが、こちらにも右翼手のイチロー、捕手のブライアン・マキャンという強い味方がいる。しかも、MLBテレビが、ファンのために試合を最初から最後まで中継する。田中はいつもと同じ心構えで、マウンドに立った。つまり、給料に見合う働きをし、試合の流れを壊さずにゲームを展開さ



▼5　この試合では、ヤンキースとマイナー契約をしていた建山義紀が8回表1死満塁から5番手投手として登板し、犠牲フライと2本のタイムリーヒットを打たれて3点を献上している（建山の自責点はゼロ）。建山にとって、ヤンキースでのオープン戦5試合目の登板だった。

せていく、ということだ。どの打者にも、的を絞らせないことが鍵になるだろう。田中とマキャンは、さまざまな球種を組み合わせて投げ、アウトを取り急がない、という方針で一致していた。春季トレーニングも終わりに近く、ここですべての手の内をさらす必要はない。

これまでのところ、それはうまくいっていた。

ブライアン・マキャンも、日曜午後の試合が楽しみだった。昔の仲間と直接対決するのも、新たな右腕とふたたびバッテリーを組むのも、ただひたすら待ち遠しかった。試合後のインタビューで、彼は自分の心境をこう語っている。「今日は、球場に来るのが、うれしくてたまらなかった。長い年月を一緒に戦って、強い信頼でむすばれてきた大勢の仲間と再会できる——アトランタでの日々は、ほんとうにすばらしかった」

二〇一四年三月一六日の日曜日、ヤンキースは、タンパ残留組もパナマ遠征組も、どちらも大車輪の活躍だった。

アトランタ・ブレーブスは、監督のフレディ・ゴンザレスはもちろん、チームの全員が早くヤンキースの新しい右腕と対戦したくて、うずうずしていた。午後一時五分、スタインブレナー・フィールドのマウンドに現れた田中の姿には、不安な様子は微塵《みじん》も感じられなかった。その落ち着きはらった態度に、ゴンザレス監督は感心した。「あの若者は、日本でいろいろな大舞台を経験してきたし、ニューヨークでも大舞台で活躍することになるだろう」と彼は言った。「苦もなくやり遂げると思うね」

一回の表、田中の立ち上がりに注目が集まった。先頭打者のジェイソン・ヘイワードは、ボールを引っかけて、ぼてぼてのピッチャーゴロ。次のB・J・アップトンはセンター前にヒットを放ち、三番打者のフレディ・フリーマンの打席で、二塁への盗塁を決めた。田中は投げる速度を調節しながら、フリーマンを空振り三振に仕留めた。続くジャスティン・アップマンは、一四〇キロのスプリットを見逃して三振した。

パナマシティでは、二万人の観客がロッド・カルー・スタジアムを埋め尽くし、スタンドには〝ヤンキース大好き〟〝また来てくれ〟とか、〝ジーター、愛してる！〟などと書かれた旗やプラカードが揺れた。試合前の始球式には、ふたたびモー・リベラが登場し、デビッド・ロバートソンに一球を投じた。熱狂した観客の喝采が、スタジアムにこだました。このリベラの一投には、深く象徴的な意味がこめられていた。なぜなら、リベラが去ったあとのヤンキースで、これからはロバートソンが守護神の役割を果たすからである。

ヤンキースというチームは、決してくじけない。レジェンズ・シリーズの第二戦は、またも一方的な展開になったが、今回苦杯をなめたのは、マーリンズのほうだった。

土曜のなさけない試合のあと、日曜に先発するサバシアは、パナマのファンを絶対にがっかりさせまいと、心に誓っていた。

CC・サバシアは五回を投げ抜き、三振を五つ奪い、一本のヒットも許さずに交代した。サバシアの熱投が、前日に完膚《かんぷ》なきまでにやられた打線に火をつけ、チームは七対〇で勝利して、前日の借りをほとんど同じ形でマーリンズに返した。マーリンズはヒット一本に終わったのである。

タンパの田中は四回三分の一で降板し、被安打三、失点一、与四球二で、ブレーブス打線を抑えた。奪った三振の数は六。投球数の上限を七五と定められたなかで、七四球を投げた結果である。試合後の田中は、「途中からフォームがばらついてしまったが、それでも一失点に抑えられたのはよかったです」とコメントした。

この日のヤンキースは、文字どおり、アメリカの内外で勝利に沸いた。

# 第5章　海を渡った日本人投手たち

　田中将大は、ビバリーヒルズの気候が好きだった。二〇一四年一月、メジャーリーグでの移籍先を決めるために渡米した先も、ビバリーヒルズだった。オープン戦の登板のないある日のこと、田中は、多数のメジャー球団と面談交渉したカリフォルニアでの二日間を考えていた。そして、自分がメジャーリーグでプレーできるのも、これまでに道を切り開いてきてくれた日本人投手たちのおかげなのだ、と思った。たとえば村上雅則、伊良部《いらぶ》秀輝、大家《おおか》友和、長谷川滋利《しげとし》、松坂大輔、ダルビッシュ有――そしてもちろん、野茂英雄がいる。

　二〇一三年一一月に、新たなポスティングシステムが成立したことを受け、一二月に田中がメジャーリーグ挑戦の意思を表明すると、一気に争奪戦が本格化した。彼の代理人となったケイシー・クローズ▼1は、メジャーの各球団から殺到する要請をすべてシャットアウトし、田中側が定めたルールにのっとって、週末のビバリーヒルズで入札希望球団との面談をおこなうことに決めた。ルールの筆頭にあげられたのは、〝田中自身が球団まわりをすることはない〟。つまり、田中を獲



▼1　1963年生まれ。自身も3Aで活躍した経験を持つ。1992年からエージェントの活動を開始し、2011年にエクセル・スポーツ・マネジメント社を設立。これまでの顧客には、ヤンキースのジーター、テシェイラ、ドジャースのカーショウ、グレインキーなどがいる。

得したければ、誰であろうとビバリーヒルズまで足を運び、かぎられた時間内で話をする。田中本人はどこか、ビバリーヒルズの名にふさわしい、豪奢《ごうしゃ》な場所にとどまる。各球団はそこに駆けつけ、自分たちの売りこみにベストを尽くす、というわけだ。クローズはこのために、エクセル・スポーツ・マネジメント社の同僚の私邸を貸し切りにした。二日間限定、持ち時間は一球団につき二時間以内、という直接交渉の舞台が整った。

高いフェンスで囲まれた、ビバリーヒルズの広大な屋敷の敷地内にリムジンが入ったとき、田中の目に飛びこんできたのは、彼を待ち受ける黒いSUV車の列だった。メジャーリーグの名だたる有力者たちが顔をそろえ、分厚い小切手帳を手に、二四勝〇敗の成績を打ち立てた日本人右腕との交渉に向けて待機していた。まもなく、争奪戦の火蓋が切って落とされる。田中は、バッターに的を絞らせないよう、配球を読ませまいとするピッチングそのままに、どの球団に対しても本心をあかすつもりはなかった。この時点で、彼はまだメジャーリーグで一球も投げていなかったのに、各球団の代表たちは小切手帳を抱え、田中にうやうやしく大金を差しだそうとしていた。

メジャー入りをめざして渡米した日本人選手の歴史は長い。だが、依然としてさまざまなリスクがあることは、メジャー球団側も承知していた。日本人選手を新戦力として迎える場合、故障や成績不振といった単純明快なリスクのみならず、ライフスタイルやビジネス面での文化の違いという問題もはらんでいる。この日、ビバリーヒルズの豪邸の入口に待機する各球団の首脳陣の多くは、アメリカで活躍してきた日本人投手たちのことをよく知っていた。その歴史の幕を開け



▼2　村上は1964年、3か月の野球留学という形で、ジャイアンツ傘下の1A球団でプレーした。しかし、メジャーに召喚され、好成績をあげたために正式契約をむすんだ。二重契約だが、実際は、もともとメジャーに昇格したら金銭トレードできる条件になっていた。

たのが、村上雅則である。彼は一九六四年と六五年の二シーズン、サンフランシスコ・ジャイアンツに在籍し、通算防御率三・四三という好成績をあげた。だが、おそらくは日米間の文化の違いがおもな原因であったのだろう、日本で所属していた南海ホークスとジャイアンツとのあいだで契約問題がこじれ、村上は一九六五年のシーズン終了後に日本に帰国することになった。[2] その後は古巣の南海ホークスに復帰し、メジャーリーグでプレーする機会は二度と訪れなかった。メジャーでの通算成績は、五勝一敗九セーブ、投球回数八九回三分の一、奪三振数一〇〇、与四死球はわずか二三だった。一九八二年に日本球界を引退後、村上はふたたび渡米し、サンフランシスコ・ジャイアンツでホームゲーム専任の打撃投手をつとめた。

それから三〇年の歳月を経て、二人目の日本人メジャーリーガーが誕生した。一九九五年、野茂英雄がロサンゼルス・ドジャースに入団したのである。サンフランシスコ・ジャイアンツと村上の問題で、日米間の考え方の相違があらわになり、契約をめぐる激しい対立があったあと、日本野球機構（NPB）と米大リーグ機構（MLB）は不干渉の協定をむすび、日米間の選手の移籍を認めないことで合意していた。だが、日本球界を代表するスター選手で、一九八八年のソウルオリンピックで日本代表チームの右腕として銀メダルを獲得した野茂は、アメリカに新天地を求めるべく、独自のプランを練り、NPBとの契約の抜け穴を使って渡米した。[3] ドジャースに入団すると、彼はたちまちメジャーリーグのエースになり、一九九五年のナショナル・リーグの最多奪三振と新人王に輝いた。[4] その後、メッツ、ブルワーズ、タイガース、レッドソックス、ふたたびドジャース、デビルレイズ（現レイズ）、ロイヤルズと数々のチームを渡り歩き、一二シーズン



▼3　野茂は日本球界からの任意引退を表明した。この場合、日本で現役復帰するときは元のチームにもどらねばならないが、海外の球団とは自由に契約できた。
▼4　野茂の1995年の成績は、13勝6敗、防御率2.54、投球回数191回3分の1、奪三振数236。オールスターにも選出され、ナショナル・リーグの先発を務めた。

を通じて輝かしい成績を残した野茂が、メジャー入りした歴代の日本人投手のなかで最高の選手であることは、多くの統計専門家が認めるところだ。[5]

野茂の活躍によって、ＭＬＢは日本からの移籍をめざす投手たちに、絶えず、真剣に注目するようになった。ところが一九九六年、サンディエゴ・パドレスが千葉ロッテマリーンズから伊良部秀輝の保有権を買い取った際、ふたたび騒動が起きた。伊良部はニューヨーク・ヤンキースへの入団を熱望し、ロッテがなんの断りもなく自分をパドレスに売り渡したことに対する不満をおおっぴらに口にした。結局、パドレスは伊良部をヤンキースにトレードに出すことになった。伊良部はヤンキースで一九九七年から九九年の三シーズンにわたってプレーしたものの、七四試合の登板で防御率は四・八〇という平凡な成績に終わった。[6]だが、このとき伊良部が不満を表明し、日米間の文化やビジネス面での相違点が明らかになったことで、日米両国の野球界が協議を重ね、一九九八年に新しい制度としてポスティングシステムが誕生した。このシステムは、まだフリーエージェント権を持たない所属選手がメジャーリーグへの移籍を希望した場合、日本の球団はそれを〝告知《ポスティング》〟し、アメリカ側は全球団が選手獲得の名乗りをあげられる、というものだ。ただし、もちろん入札に参加し、譲渡金を支払わなければならない。

ＭＬＢとＮＰＢがこの新システムを正式に発足させる以前（一九九八年一二月五日調印）、ＦＡ以外では、野茂と伊良部のほかに四人の投手がメジャーリーグへ移籍している。鈴木誠、長谷川滋利、柏田貴史、大家友和だ。そのうちの長谷川は、一九九七年に金銭トレードでオリックス・ブルーウェーブ（現オリックス・バファローズ）からアナハイム・エンゼルス（現ロサンゼルス・エンゼ



▼5　野茂のメジャー通算成績は、123勝109敗、防御率4.24、投球回数1976回3分の1、奪三振数1918。1996年と2001年にはノーヒットノーランを達成している。

ルス・オブ・アナハイム）へ、また大家は、所属していた横浜ベイスターズから自由契約となり、一九九八年一一月にボストン・レッドソックスと契約をむすんだ。大家のメジャー初登板は、翌九九年。最初の数シーズンは低迷したが、モントリオール・エクスポズに移ると、二〇〇二年に防御率三・一八の成績をあげた。[7]一方、長谷川はおもにリリーフ投手として活躍し、エンゼルスでは一九九七年に防御率三・九三の成績をおさめた。二〇〇二年にはシアトル・マリナーズに移籍し、翌〇三年のシーズンを防御率一・四八の好成績で終えた。[8]

伊良部のヤンキース移籍騒動に端を発したポスティングシステムが本格的にはじまると、メジャーリーグの各球団は獲得したい日本人選手に対して、法外な譲渡金を支払うようになった。やがて譲渡金は、五〇〇〇万ドルという破格の金額にまで高騰することになる。

田中の移籍に際して、楽天イーグルスが得られる譲渡金は、二〇一三年に発効した新ポスティングシステムに基づき、二〇〇〇万ドルが上限となる。それとは別に選手個人に支払われる契約金にしても、莫大な額が提示されることは田中自身にもわかっていたが、いったいそれがどこまで跳ね上がるのか、想像がつかなかった。だが、ビバリーヒルズに来た一〇球団のうちのどこかと契約することになるのは、たしかだった。アストロズ、カブス、ダイヤモンドバックス、ドジャース、レンジャーズ、レッドソックス、そしてヤンキースも来ている。とても光栄なことだと田中は感じた。

「まるで〝デートゲーム〟[9]だな」。会談の順番待ちをしているとき、ダイヤモンドバックスのゼネラルマネージャーのケヴィン・タワーズが、球団スタッフにそう言った。



▼6　伊良部はその後3年間ナショナルズとレンジャーズ、2003～04年は阪神タイガースでプレーした。メジャー通算成績は、34勝35敗16セーブ、防御率5.15、投球回数514回、奪三振数405。2011年、42歳で死去。

ビバリーヒルズの豪邸の広々とした部屋で、田中将大は通訳と代理人とスカウトとともに、辛抱強くカウチに腰かけていた。各球団の代表たちが次々に入ってきては、チーム・タナカを相手にセールストークを繰り広げた。どの球団も、二五歳の田中について事前に入念なリサーチをすませ、この重要な会談に準備万端でのぞんでいた。アリゾナ・ダイヤモンドバックスのオーナーのケン・ケンドリックは、田中がゴルフ好きとの情報を得て、わざわざDVDを準備してフェニックス周辺のゴルフコースについての詳細なプレゼンテーションをおこない、お望みとあれば会員権を与えることを約束した。しかも、三〇〇あるコースのすべての会員権を。さらに、日本食材や日本製品がおいてあるスーパーマーケットの紹介もした。ただしそれは、アリゾナで唯一の日系スーパーだった。

だが、ダイヤモンドバックスは、日本人選手が西海岸や東海岸といった、海沿いの地域を好むことを知らなかった。アリゾナには無数のゴルフコースと、少なくとも一軒の日系スーパーはあっても、海はなかった。

新ポスティングシステムの入札プロセスは、ミスが起こりにくいシンプルな仕組みになっていた。入札金額の高騰によって生じがちな厄介な訴訟問題が起きるおそれがないので、田中はNPBとMLBが設定したこのシステムに感謝していた。代理人からは、メジャーリーガーになった日本人選手の歴史について、くわしい説明を受けた。ポスティングシステムを用いて渡米した最初の日本人選手が、外野手の鈴木一朗である。二〇〇〇年のことだった。

ポスティングシステムが導入された当初、日本の球団のほとんどは、この制度を使うことに二



▼7　大家のメジャー通算成績は、10年間で51勝68敗、防御率4.14、投球回数1070回、奪三振数559。

▼8　長谷川のメジャー通算成績は、9年間で45勝43敗33セーブ、防御率3.70、投球回数720回3分の1、奪三振数447。517試合の登板は日本人投手として最多。

の足を踏んだ。彼らは自由契約《フリー・エージェント》になった選手だけをアメリカに行かせていた。一九九八年から二〇〇六年にかけて、ポスティングでメジャー入りを果たしたのはわずか七人で、投手はそのうちの四人だった。[10] 二〇〇〇年一一月三〇日にイチローがシアトル・マリナーズと契約を交わしたのに続き、二〇〇二年二月二八日に、左腕の石井一久がロサンゼルス・ドジャースに移籍した。その時点で、ポスティングの譲渡金が一〇〇万ドルを上まわったのは、このふたりだけである。イチローの約一三〇〇万ドルに対して石井は約一一〇〇万ドルだったが、彼はさほど活躍できず、通算防御率四・四四の成績でメジャーを去った。[11] ふたたび譲渡金が一〇〇万ドルを上まわるピッチャーが現れたのは、石井の契約が成立してから、五年近くの歳月が流れたあとである。

それ以降、日本人選手の入札競争はヒートアップすることになる。

二〇〇六年のシーズンオフに、西武ライオンズが松坂大輔のメジャー挑戦を容認すると、松坂はその年のポスティングによる移籍市場の最大の目玉のひとりになった。そして、入札に名乗りをあげたボストン・レッドソックスが約五一一一万ドルという入札額で交渉権を獲得。年俸交渉を経て、最終的には五二〇〇万ドルの六年契約をむすんだ。要するに、松坂を獲得するためにMLBは一億三〇〇万ドル以上を支払ったわけだ。松坂は順調に成績を残したが、二〇一一年に肘の負傷で、肘の靭帯を切除して別の部位の正常な腱を移植する、〝トミー・ジョン手術〟を受け、一年間マウンドから遠ざかった。[12] だが、松坂が契約どおりの結果を残せなかったからといって、次なる日本球界のスーパースター、北海道日本ハムファイターズのダルビッシュ有の争奪戦が沈静化することはなかった。二〇一一年、松坂がメジャー入りしたときの年齢より二歳若いながら



▼9　アメリカで1965年から20年以上続いたテレビ番組。1人の女性が3人の男性に質問やクイズを出し、勝者が女性とのデート権を得る。
▼10　この期間にFA権を行使して渡米したのは10名。初めてFA宣言をしてメジャーリーガーになったのは、1997年オフにニューヨーク・メッツに入団した吉井理人である。

も、すでにピッチャーとして脂の乗りきったダルビッシュの獲得に並々ならぬ意欲を見せたテキサス・レンジャーズが、入札競争を制した。二五歳のダルビッシュに対する譲渡金は約五一七〇万ドルと、史上最高額を記録した。

それまで日本人投手を獲得した他の球団とは異なり、レンジャーズがダルビッシュへの投資を後悔することはなかった。ダルビッシュはメジャーリーグの侍として、移籍後二シーズン目の二〇一三年には、二七七の奪三振数でアメリカン・リーグのタイトルを獲得した。[13]

日本の投手は職人であり、匠《たくみ》であり、侍だ。日本の野球において、投手は勝負《ゲーム》の要だ。ビバリーヒルズの豪邸の広い部屋のなかで、田中は昔の侍のように、どっかりと腰をおろしていた。ヤンキースの代表が入ってくるのを待つあいだ、日本のプロ野球で通算一三一五イニングを投げてきた田中は、自分のピッチング、とくにスプリットのことを考えていた。落ちる球は、日本ではどのピッチャーも投げる変化球である。だが、アメリカでは投げる投手はごくかぎられている。メジャーリーグのコーチは、フォークボールやスプリットを投げる際に肘に負担がかかることを気にするのだ。田中はそれが問題にならないことを願っていた。

松坂とダルビッシュの移籍をめぐって入札金額が高騰したことを受けて、MLBの呼びかけにより日米野球界が再協議した結果、ポスティングの譲渡金の上限が二〇〇〇万ドルに定められた。田中は二〇一三年のシーズンオフに移籍しなくても、二年後には海外FA権を取得するが、楽天イーグルスは譲渡金が二〇〇〇万ドルでは低すぎるとして、彼に残留を要請しようとした。だが、結局はメジャー挑戦を容認し、二〇〇〇万ドルを謹んで受け取ることになった。

▼11　石井のメジャー通算成績は、4年間で39勝34敗、投球回数564回、奪三振数435。
▼12　松坂のメジャー通算成績は、8年間で56勝43敗1セーブ、防御率4.45、投球回数790回3分の1、奪三振数720。2014年オフに福岡ソフトバンクホークスに移籍。

ビバリーヒルズでの二日間にわたる面談が終了し、各球団の首脳陣が帰っていくと、田中は安堵した。ストレスのたまる週末だった。球界の有力者と顔を合わせることもあったが、英語がほとんどわからない田中は、もっぱら通訳に頼るしかなかった。英語をもっと勉強しようと彼は決意した。その必要がある。

最終的に五球団が契約金を提示し、その金額はいずれも一億ドルを上まわった。一月二二日、田中はニューヨーク・ヤンキースと一億五五〇〇万ドルで七年契約をむすんだ。日本人選手としては史上最高額の契約であり、メジャーリーグの投手のなかでも史上五番目にあたる。▼14 田中との会談の席で、ヤンキースはベーブ・ルース、ルー・ゲーリッグ、ジョー・ディマジオといった偉大な名選手にも言及しながら、チームの歴史を説明した。また、他の球団、たとえばシカゴ・ホワイトソックスなどは、田中をチームの中心選手として迎えることを約束した。彼をかならずスターにすると請け合ったのだ。だが、それは田中がメジャーリーグに求めていたものではなかった。

田中の獲得に動くはるか以前から調査をおこなっていたヤンキースは、田中が求めるものを理解し、それを彼に与えた。史上最高の契約金、四年後に契約を放棄してFA権を得られること、マイナー降格に異議を唱えられること、そして、すぐに勝利をあげる機会を得られること。田中が望んでいるのは金や自由だけではない——彼は勝利を求めていた。

一九九五年に野茂がメジャーに移籍して成功をおさめたことで、NPBの信頼性も高まった。日本のプロ野球界は、メジャーリーグの重要なプレーヤーになったのだ。日本人は一九三〇年代



▼13　ダルビッシュのメジャー3年間の通算成績は、39勝25敗、防御率3.27、投球回数545回3分の1、奪三振数680。3年連続でオールスターゲームに選出されている。
▼14　投手の史上最高額は、ドジャースの左腕カーショウの7年2億1500万ドル。

からレベルの高い野球をしてきたが、まだ発掘されていない才能が日出《ひい》ずる国に眠っていることにメジャーリーグが初めて気づいたのは、一九九五年にひとりの侍、野茂英雄が太平洋を渡ったときだった。そして、そのときから、彼らはチームの勝利に必要な侍を獲得するためなら、いくら金をつぎこんでもかまわないと考えるようになったのだ。

ついにニューヨーク・ヤンキースは、日本から新たなエース、田中将大を獲得し、チームの戦士のリストに彼の名前を加えた。田中は、アメリカへ渡る数週間前に出席した、あるシンポジウムのことを思いだした。まだ日本にいた田中は、千葉県の江戸川大学で講演をおこなった。▼15 シンポジウムの主催者が、田中に学生たちへのアドバイスを求めた。

「物事をさまざまな角度から見ることが大切だと思います」。満員の聴衆に向かって田中は答えた。「失敗することもあるでしょうが、それを糧《かて》にすることができれば無駄にはなりません。ひとつのことにこだわらないで、視野を広く持つようにしてください」

田中将大は微笑んだ。

そのアドバイスに、みずから耳を傾けるときがきたのだ。



▼15　2014年1月26日に開催されたスポーツビジネスシンポジウム。「プロ野球の使命と役割」と題して、田中のほか、大越英雄（元日本プロ野球組織セ・リーグ統括兼運営部長）、鷲田康（スポーツジャーナリスト）がパネリストとして参加した。

# 第6章　ブラックバーンの泥

七月の早朝、霧のたちこめるデラウェア川の両岸の向こうから、細長い古びたボートが水面に姿を現した。ボートが静かなモーター音をあげながら川をのぼっていくと、数分後、ニュージャージー州の方角に一本の支流がぼんやりと見えてきた。操舵手は、その細い支流の方向に舵を切った。ボートには三人の男が乗り、あやしげな荷物――たくさんの蓋《ふた》つきのバケツ、四角いスチールヘッドのシャベル、手押し車などの道具が積まれていた。大学のロゴ入りのシャツを着た男たちは、宝さがしに川のぼりをしている海賊のようにも見える。行く手は厚い霧に閉ざされていたが、しばらく進んでいくと前方に岸辺が見えてきた。操舵手のジム・ビントリフがGPSをチェックした。そして、「あと数分だ」としゃがれ声でつぶやき、熱いコーヒーをひと口すすった。あとのふたり、ハミルトン家のマイケルとマーティは、ボートの両端に悠然と腰をおろしている。秘密の宝物を手に入れる瞬間が、近づいていた。

ビントリフは周囲を見まわし、人影がないことを確認すると、ボートを岸に向け、ぬかるんだ岸辺に着けた。「よし、これでいい」。彼は芝居がかった声で言った。

「わかってるよ」。マイケルが首を振りながら、ふくみ笑いをした。「毎年ここに来るたびに、同じことを言いやがって。おれたちは『パイレーツ・オブ・カリビアン』か？」

男たちは笑い声をあげ、道具一式を岸におろした。「気をつけろ」。ビントリフがシャベルを手渡しながら、声をかけた。「泥を傷つけるなよ」

マーティが笑いながらシャベルを受け取り、細い道をたどって林のなかへ入っていった。秘密の場所へ着いた男たちは、慎重に泥をすくいとってバケツに入れはじめた。そして、すべてのバケツがニュージャージー州産の泥でいっぱいになると、彼らはしっかりとその蓋を閉め、ボートに運んだ。小一時間で作業を終えた三人は、ふたたびボートに乗ってデラウェア川に続く支流を引き返した。プラスチックのバケツに採取した貴重な泥は、樽に詰めかえられて翌春までねかされ、やがて小さな瓶に小分けにされて、全米のメジャーリーグの球団に出荷される。そうなると、新しいシーズンの開幕は目前だった。

この泥は、チョコレートプディングとか柔らかめのコールドクリームのような粘度で、アメリカン・リーグとナショナル・リーグのメジャーとマイナーの全球団に販売されている。試合で使うボールはすべて、審判がこの泥でこねることが決まりになっており、ルールブックにも明記されている。試合開始前に審判は、国内の工場から出荷された真新しいボールに、この泥をまぶしてこねる。それが終わって初めてプレイボールを宣言できるのだ。このルーティンは、七五年前から現在まで変わらない。

ニュージャージー産の泥で新品のボールをこねるようになったのは、一九三八年に、リナ・ブラックバーンがその泥を発見したときからである。それ以前も審判は、試合がはじまる前になにかで新しいボールをこねていたが、使用するのは手近にある泥でも、グラウンドの土でも、かみ煙草で茶色くなった唾液でもかまわないことになっていた。

現実にその必要に迫られたのは、さらに時代をさかのぼる。一九二〇年八月一六日、クリーブランド・インディアンスの遊撃手レイ・チャップマンが、打席についているときのことだった。ヤンキースの下手投げの投手、カール・メイズが投じたカーブがすっぽ抜けて、ベースに覆いかぶさるような姿勢でかまえていたチャップマンの頭部を直撃した。チャップマンは、メジャー史上初、かつ唯一の、ピッチャーの投球で命を落とした選手になった。「それ以降、メジャーの審判はピッチャーが手を滑らせずにしっかりボールを握れるよう、対策を講じるようになったんだ」。ジム・ビントリフは、父親のバーンズからそう聞いていた。

試合前のボールの処置に、かみ煙草で茶色くなった唾液や靴墨などが使われていた頃は、ボールが変色するという問題があった。一九三八年、ある審判がリナ・ブラックバーンのところにやってきて、みじめなボールを使わなければならない現状を嘆いた。フィラデルフィア・アスレティックス（現オークランド・アスレティックス）の監督兼三塁コーチだったブラックバーンは、それを機に、水で溶かしたグラウンドの土などではなく、ボールをこねるのに最適な泥を探そうと決意した。

ある日、ブラックバーンは、デラウェア川上流のニュージャージー側の釣り堀で、とろりとした泥を見つけた。クラブハウスに持ち帰り、それでボールをこねてみたところ、滑り止めに適していることがわかった。その評判はまたたく間にメジャーリーグの各球団に広がり、ブラックバーンのもとには、彼の〝魔法の泥《マジック・マッド》〟を求めて全米の球団から電報が殺到した。

ブラックバーンは野球選手であり、コーチであり、監督であり、また野心的な青年だった。泥の好調な売れ行きを見て、彼は会社を興した。翌年のシーズンに間に合わせるために、毎年七月にその泥をひそかに採取し、アメリカン・リーグの球団に出荷したのである。ほどなくして、アメリカン・リーグの全球団が、ブラックバーンの泥を購入するようになった。

一九六〇年代の末にブラックバーンが亡くなると、マジック・マッドの秘密は遺言を通じて、長年彼と仕事をしてきたジョン・ハースに伝えられた。その後、事業はハースからバーンズ・ビントリフへ、そしてバーンズの息子のジムへ引き継がれた。

工場から出荷された新品のボールは、表面に光沢があり、しかも皮を縫い合わせる糸につけられた蠟のせいで滑りやすい。したがって、なんらかの処置をほどこし、投手がきちんと握れるようにする必要があったが、ブラックバーンの泥の以前は、なにを使ってボールをこねても、表面が柔らかくなってしまうという問題があった。だが、ブラックバーンの泥ならだいじょうぶだった。一九五〇年代には、ナショナル・リーグでもブラックバーンの泥が使われるようになった。この泥は現在、〝ベースボール・ラビング・マッド〟と呼ばれている。泥を売るだけで、ブラックバーンは富を築いたのである。

試合の前、ナショナル・リーグでもアメリカン・リーグでも、審判は六ダースの試合球のすべてをラビング・マッドでこねて表面の光沢を消し、ボールの素材を柔らかくすることなく、滑りにくい状態にする。なんの変哲もない土が、化学反応をもたらすのだ。

この七五年間、メジャーの全球団がベースボール・ラビング・マッドを使うことで、投手はボールを握りやすくなった。MLBのルールブックには、このラビング・マッドの使用が定められている。MLBルール3・01cにはこう書かれている。

「ホーム球団から試合に使用する公式球を受け取る。ホーム球団は、メジャーリーグ会長によって定められた個数と、基準に合致していることが証明された正規品を用意する。審判は公式球を検査し、適切にこねられて表面の光沢が消えていることを確認する。審判は独自の判断で、試合に使用するボールの適否を決定してかまわない」

一方、日本は、自国の公式球を芸術品としてとらえている。アメリカのコラムニスト、トム・バーダッチは、アメリカのボールよりも若干小さめの日本のボールを「人工の真珠」と呼び、「日本のボールに内在する粘着性は、ピッチングという高度な技術に寄与する――ボールの質感、手触り、回転、そしてピッチングを極めた選手への畏敬《いけい》の念を伝えているのだ」と記している。▼1

二〇一四年一月、前年のワールドシリーズを制覇したボストン・レッドソックスのジョン・ファレル監督が、ボストンのスポーツバー《ベースボール・タヴァーン》で取材を受けたとき、田中将大のことが話題にのぼった。まだファレルがピッチングコーチだった二〇〇七年から二〇一〇年、松坂大輔がレッドソックスの先発投手陣の一角を担っていた。メジャーリーグに移籍した日本人投手をそばで見てきたファレルは、田中がメジャーで成功するにはなにが必要だと思うか



▼1　日本では、試合開始前、審判員がNPB統一球専用のもみ砂で試合球をこねる。

との質問を受け、示唆に富む的確な答えを返した。

「アメリカに来た日本のピッチャーは、さまざまな問題に直面する。日本には時差がないが、アメリカでは遠征で三つのタイムゾーンを移動しなければならない。マウンドのクレーもずっと固い。日本のマウンドは柔らかめで、プレートを踏んだときに足が少しスライドして沈みこむ。だが、固いクレーのマウンド上では足が動かないので、下半身により負担がかかる。マウンドの違いに体を慣らしていくことは、日本のピッチャーが心がけるべき重要なポイントのひとつだ」

「また、同じことがボールにも言える。メジャーと日本では、ボールがまったく違う。日本のボールの表面には粘着性があるが、アメリカのボールは泥でこねる習慣があり、さらっとして滑りやすい。それに、対戦する打者も日本に比べて強力だ。べつに日本の野球を見くだしているわけじゃない。ただ、日本とは違うと言っているだけだ。さらに、ストライクゾーンの違いもある。アメリカのほうが狭いと思う。先発ローテーションも、日本の中六日の間隔が、アメリカでは中四日になる。田中はアメリカで、たくさんの壁にぶつかることになるだろう。彼がどんなふうに変わっていくか、楽しみだね」

　田中は、自分が伊良部秀輝、松井秀喜、井川慶、五十嵐亮太、黒田博樹、イチローに次ぐ七人目のヤンキースの日本人選手だということを自覚していた。ワールドシリーズで優勝することが、ヤンキースの一員となった田中の責務だった。初めてアメリカの球場のマウンドに立ったとき、田中は無意識のうちに、日本のマウンドで慣れ親しんだスパイクが沈みこむ感触を期待していたが、アメリカではそうならないことをすぐに思いだした。彼のスパイクは、固いクレーを踏みしめるだけだった。その後、四月四日、トロント・ブルージェイズとのメジャーデビュー戦で、キャッチャーのブライアン・マキャンが投げたボールを手にしたときも、それが日本のボールよりもわずかに大きかったにもかかわらず、田中は本能的にしっとりと手になじむ日本のボールの感触を予期していた。もう何百回もアメリカのボールを握っているのに、一瞬、彼の身体は日本にいた頃の感覚を思い起こし、しっとりしたボールを期待したのだ。日本でしみついた感覚から、早く抜けださなければ。田中はボールを鼻に近づけ、においをかいだ。ニュージャージーの泥のにおい。田中は笑みを浮かべた。泥をつけるとは、おかしな習慣だ。だが、そんなことを考えている時間はない。いよいよ、アメリカのボールを投げるときがきた。

# 第7章
# 日米の違いを超えて

フロリダ州タンパ。サインを求める一〇人余りのファンが、ホテルの入口に停まっていたタクシーを取り囲んだ。田中将大は、大急ぎでタクシーの後部座席に乗りこんだ。ヤンキースの広報担当者がドアを勢いよく閉め、車体の上をポンと叩いて運転手に合図を送ると、タクシーは走りだした。ニューヨーク行きのフライトの時間が迫っていた。ファンに応じられなかったことを申しわけなく思いながら、田中はリアウィンドウの向こうを見つめた。幹線道路に入ったタクシーはスピードを上げ、一路、空港に向かった。ホテルとジョージ・M・スタインブレナー・フィールドが次第に遠ざかっていく。次にこの球場にもどってくるのは来年になる。メジャーリーガーとして初めてピッチングをした球場だ。田中の胸には、すでにアメリカでの思い出が刻まれつつあった。

田中にとって、アメリカでのドライブは恐怖だった。なによりも、車線が日本と逆なのが怖かった。後日、ヤンキースのチームメートから怖いものはなにかと聞かれたとき、リストの上位に挙げたのが車の運転だった。「アメリカでは絶対に運転しないよ」。田中はチームメートにそう答えた。

春季キャンプが終わったあとも、車に乗っていようが歩いていようが、田中は大勢のファンに追いかけられた。日本ではここまで注目された経験がなかったので、まだ慣れなかった。数か月前、春季キャンプでフロリダに到着したときに実感したように、なにもかもが変わろうとしていた。そして今、これからニューヨークにもどり、メジャー初登板となるブルージェイズ戦に向けて、トロントへ出発する。現実が目の前に迫っていた。いよいよシーズンが開幕し、ヤンキースとの契約書にサインしたときに背負った重責を果たす瞬間が訪れようとしている。

だが、田中にはエースとしての自覚があった。

メジャーリーグではマウンドでもブルペンでも投球制限がある、という話を耳にするまで、田中は自分の投球数を気にしたことがなかった。代理人やコーチや家族や友人からは、メジャーリーグに行けばかならず活躍できると言われていた。そこで田中は、将来メジャーでプレーすることを視野に入れて、ブルペンでの投球数を減らし、日本よりも大きめのアメリカのボールで投球練習を始めた。

実際問題として、田中にはメジャー入りを見据えて準備を進める必要があった。二〇一二年のシーズンが終わった時点で、彼自身、メジャーリーグでプレーしたいという意志を固めたし、メジャーリーグ側もそれを望んでいることがわかっていたからだ。さらに田中は、不安材料がなにもなければ、自分の希望する球団に行けるだろうと考えた。そこで彼は、不安材料をひとつずつ減らそうと決意した。日本では肩をつくるために投げこむのは、めずらしいことではない。ピッチャーの調整方法として容認されているし、滅多に問題視されることはないが、メジャーリーグでは一定の投球数に達すると、かならずストップがかかる。だが田中自身はそれほど投げこみをするタイプではなく、その点についてはあまり心配してなかった。二〇一三年、日本での最後のシーズンで田中は勝ち続けた。強運を味方につけ、二四勝〇敗、防御率一・二七という記録を打ち立てた。その成績は、シーズン終了後のメジャー球団の入札競争を経て、二〇一四年、ニューヨーク・ヤンキースと破格の契約金で七年契約をむすぶに至った大きな理由のひとつとなった。

ヤンキースと契約したことによって、二五歳にしてすでに大投手の田中が身につけてきた習慣は、変わらざるを得なかった。どこの国から来ようと、投球数や投球回数の上限、配球に関する過去のルールは、なんの意味も持たない。また、アメリカでは、四つの州でスポーツ賭博が合法化されており、メジャーリーグの試合も例外ではない[▼1]。しかし田中自身は、そういったこととは別の次元で、日本とアメリカの違いにショックを受けていた。たとえば、いちばん驚いたことはなにかと質問されたとき、田中は、アメリカのトイレに日本のトイレの機能がそなわっていないことをあげた。「日本には、温水シャワーで臀部を洗うウォシュレットという機能があります。アメリカにそれがなかったのは、大きな違いですね」。案の定、その答えは記者団の笑いを誘った。実際、野球を対象としたスポーツ賭博は、田中にとって驚くべき日米の相違点ではなかった。リスクがあるとすれば、アメリカと日本のピッチングに関する習慣が衝突したときになにが起きるか、という点だ。



▼1　スポーツ賭博が容認されているのは、ネバダ州、モンタナ州、デラウエア州、オレゴン州のみで、それ以外は「1992年プロ・アマスポーツ保護法」という連邦法で禁止されている。

田中は日本人のメジャーリーガーから有益なアドバイスを受けていた。田中は二〇〇九年のワールド・ベースボール・クラシック（WBC）の日本代表として、ダルビッシュ有やイチローとともにプレーしている。いまやテキサス・レンジャーズの大黒柱であり、アメリカンリーグのサイ・ヤング賞の候補にものぼったダルビッシュは、アメリカで生活する上でいちばん苦労したことについて、メディアにこう答えた。

「サンドイッチです。最初の年は口にあわなかったんです。でも、二年目になるとしだいにおいしいと思えてきて、よく食べるようになりました。食生活には、いちばん苦労しましたね」。田中は今のところ、食生活に問題を感じていない。なぜなら、日本食しか食べていないからだ。ニューヨークには日本食の店がたくさんある。日本ほどのおいしさではないにしろ、味は決して悪くない。だが、トイレとなると話は別だ。これはゆゆしき問題だった。「驚いたといえば、記者がロッカールームに入ってくるのには、びっくりしました。日本ではあり得ないことなので」。それについてどう思うかと聞かれると、田中はこう答えた。「いつもどおり、そこで着替えるだけです。ご覧になりたければ、どうぞご遠慮なく」

ニューヨークにもどる機内で、田中は黒田博樹と隣り合わせになった。イチローもすぐ後ろの席だったので、三人はいろいろな話をした。四月四日のメジャー初登板をひかえ、田中は気分が高揚していた。二〇一二年、田中が将来メジャーに行くことを決意した年に、ヤンキースはドジャースからFAになった黒田博樹を、約一〇〇〇万ドルの一年契約で獲得した。[2]その前年の二〇一一年、黒田はロサンゼルス・ドジャースで防御率三・〇七という、メジャー自己最高のすばら



▼2　黒田は2008～14年までの7年間、ドジャース、ヤンキースでプレー。メジャー通算成績は、79勝79敗、防御率3.45、投球回数1319回、奪三振数986。

しい成績を残していた（一三勝一六敗）。

田中は以前、黒田のインタビュー記事を読んだことがあった。そのなかで、スプリットの投球が体に与える影響について質問を受けたこのベテラン投手は、笑いながらこう答えた。

「スプリットを投げすぎて故障したピッチャーなんていませんよ」

黒田の日米通算の投球回数は、現役メジャーリーガーでは、ブルージェイズのマーク・バーリーに次ぐ第二位の記録である。▼3 田中が四月四日のデビュー戦で投げ合うのは、そのブルージェイズの、ダスティン・マゴワンである。田中は、記事で読んだ黒田の言葉に勇気づけられていた。

「ぼくは長年スプリットを投げてきましたが、なんの問題もありませんでした」

黒田もイチローも、田中のメジャーでの活躍を願っていた。

デビュー戦の試合前、田中の表情からその胸中はまったく読み取れなかった。だが、オープン戦で登板した五試合の成績が、すべてを物語っていた。二勝〇敗、防御率二・一四。しかも投球回数二一で奪った三振の数は、二六。与四死球は、わずかに四つだった。

▼3　2014年シーズン終了時点で、バーリーは3084回3分の2。黒田は3019回3分の1。ちなみに日本国内での現役最多は山本昌の3347回3分の1。次いで三浦大輔の3163回3分の1。

# 第8章 メジャーデビュー戦の勝利

二〇一四年四月四日金曜の夜、カナダのトロントで、近年にない大きな注目を集めるメジャーリーガーのデビュー戦がはじまった。それは、ニューヨーク・ヤンキース対トロント・ブルージェイズ。オープン戦で二勝〇敗、防御率二・一四の成績をあげた田中将大は、いよいよメジャーリーグ公式戦初登板のときを迎えた。ブルージェイズの本拠地ロジャース・センターのロッカールームで、田中は八人のスポーツ記者を前に、ヤンキースのビジター用のグレーのユニフォームに着替えていた。いつも田中に付き添っている専属通訳の堀江慎吾は、近くのベンチに腰をおろし、その様子をおもしろそうに眺めていた。記者から「初登板でこれだけ注目されるのはどんな気分ですか?」と声がかかると、堀江はそれを田中に日本語で伝えた。

田中はジッパーを上げ、にっこりと堀江に笑ってみせた。「とても光栄に思います」。田中が日本語で答えると、堀江がそれを英語になおした。「みなさんがこうしてロッカールームに来てくださったことも、光栄に思っています」。そう付け加えた冗談に、まわりにいた全員が反応した。

記者たちがどっと沸くと、田中も笑った。「とにかく」と田中は続けた。「ぼくがやることは、マウンドにあがってアウトをとることだけです」

ニュージャージー州の『スター・レジャー』紙の記者がさらに質問した。「あのスプリットはいつ覚えたんですか?」スプリットとは、投げ方は普通のストレートと変わらないように見えるが、ボールの握り方がまったく異なり、人差し指と中指の間にボールをはさんで投げる変化球のことだ。

もちろん田中は、スプリットを習得したときのことをはっきり覚えていた。正確にいうと、彼のスプリットは二種類ある。二〇一〇年の春、二一歳の田中は、楽天イーグルスで四年目のシーズンを迎えていた。誰かがロッカールームに置いていった『週刊ベースボール』誌が、田中の目にとまった。その雑誌が、田中の野球人生を変えた。さらに、今こうしてヤンキースでプレーすることにつながったのだと田中は思っていた。田中が当時のことを話しはじめると、記者たちは彼の話に耳を傾けた。

その『週刊ベースボール』[▼1]には、プロ野球一二球団の一流投手の変化球を分析した特集記事が載っていた。そのなかに、二〇〇九年に福岡ソフトバンクホークスに入団したアメリカ人投手、ブライアン・ファルケンボーグも取り上げられていた。当時のファルケンボーグは、ホークスの右投げのセットアッパーだった。日本にはスプリット（実際はフォークボール）を投げるピッチャーは大勢いるが[▼2]、ファルケンボーグの投げるスプリットは独特だった。それに着目した『週刊ベースボール』は、ファルケンボーグのスプリットの握りの写真を掲載し、投げ方を詳細に解説し



▼1　2010年6月14日号。
▼2　著者はフォークボールをまとめてスプリットに分類しているが、実際にMLBでは、落ちる球はすべてスプリットと考えられている。

た。

　ホークスでの四シーズン目に、その記事について聞かれたとき、ファルケンボーグの記憶はおぼろげで、自分がなにを喋《しゃべ》ったのかほとんど覚えていなかった。だが、田中は記憶に刻みつけた。ファルケンボーグのボールの握りを徹底的に研究し、折に触れてそれを真似した。ファルケンボーグが図らずも与えたヒントに着想を得て、田中は戦略上、曲がりの鋭さが異なる二種類のスプリットを習得した。カウントを稼ぐスプリットと、決め球に使うスプリットだ。スプリットは、ホームベースの直前まではストレートのように見えるが、そこからストライクゾーンをはずれて鋭く落ちるので、バッターは空振りしたり見逃したりしてしまうのだ。

　実戦で試してみると、手ごたえがあった。田中のスプリットは一級品だった。それから三年間、田中の防御率が一・八七を超えることはなかった。二〇一一年と二〇一三年の二度、田中は沢村賞（正式には沢村栄治賞）に輝いた。これは、シーズン中に最優秀の成績をおさめた先発完投型の投手に贈られる特別賞で、アメリカのサイ・ヤング賞に相当する。

　一九八〇年代、メジャーリーグでも、ロジャー・クレメンス、ジャック・モリス、デイヴ・スチュワートなど、多くのピッチャーがスプリットを投げていた。だが、故障が相次いだことから、どの球団もスプリットが肘や肩に与える負担を懸念し、かわりにチェンジアップやスライダーを奨励するようになった。かたや日本では、スプリットは大いにもてはやされ、〝日本ならではの変化球〟になった。メジャーリーグで初めて成功した日本人プレーヤー、野茂英雄の最大の武器もスプリットだった。以来、それぞれ一九九七年と二〇〇〇年にメジャー入りした長谷川滋利と



▼3　佐々木のメジャー通算成績は、4年間で7勝16敗129セーブ、防御率3.14、投球回数223回3分の1、奪三振数242。
▼4　上原のメジャー6年間の通算成績は、15勝15敗61セーブ、防御率2.44、投球回数350回3分の1、奪三振数412。

佐々木主浩《かづひろ》、▼3現在メジャーで活躍している上原浩治、▼4ダルビッシュ有、それに、ヤンキースの田中の同僚で大先輩にあたる黒田博樹も、スプリットを得意としている。▼5「ある意味、スプリットは日本で磨かれた変化球といえるでしょうね」と黒田は言う。「でもそれは、スプリットを投げる投手が、アメリカより日本に多いからだと思います」

スプリットに関しては、こんな皮肉なエピソードがある。カナダ出身の右腕クリス・ラルーが二〇一三年に東京ヤクルトスワローズに入団したとき、スワローズのコーチは、彼にスプリットが投げられるかどうかを尋ねた。ラルーが投げられないと答えると、コーチは言った。「じゃあ、覚えてくれ」。そこでラルーはスプリットの習得につとめたが、実戦の二試合目から腕に違和感を覚えはじめたという。結局、ラルーはスワローズで五試合に登板しただけで終わり、右肩痛などで戦列を離れた。

田中がファルケンボーグの投球にヒントを得てスプリットを習得したことを知った楽天イーグルスは、ヤンキースが田中の獲得で支払った二〇〇〇万ドルのポスティング譲渡金のうちの二〇〇万ドルを使ってファルケンボーグと契約し、チームのクローザーとして迎えた。

田中のメジャーデビュー戦の前日、囲み取材に応じたヤンキースのジョー・ジラルディ監督は、新しいエースの初マウンドはどうなると思うかとの質問に対して、こう答えた。まず監督は、田中と話したところ彼は非常に落ち着いていた、と語ったあと、「彼の昨シーズンの日本での成績、メジャーでの契約金、契約したチーム、トロントでの開幕戦ということを考えれば、明日の試合は大きな注目の的になるだろう」。ジラルディは記者団に目を向けた。「異様な雰囲気になると思



▼5　2014年にESPNが「9球種ごとのメジャーベスト5」を選出した際、スプリット部門では1位田中将大、2位岩隈久志、3位上原浩治、4位ダン・ヘイレン、5位黒田博樹だった。

うよ」

「でしょうね。明日登板するルーキーに、なにかアドバイスはしましたか？」ぶらぶらと歩きだしたジラルディに、さらに記者が声をかけた。

「もちろんだよ」。ジラルディは立ち止まって、笑みを浮かべた。「『やっつけてやれ』とね」。そう言って、ジラルディは足早にその場を離れた。

初回、ブルージェイズの先頭打者のメルキー・カブレラは、田中が投じた三球目を右中間スタンドに叩きこんだ。以前ヤンキースに在籍していたカブレラにとって、今シーズン初の本塁打であり、またメジャー二度目の先頭打者本塁打だった。一方、メジャーの洗礼を浴びた田中にとっては、苦い立ち上がりとなった。

ヤンキースは一回表に二点を先制していたが、これで一点差に追い上げられてしまった。だが試合後、田中は冷静にその場面を振り返り、いつものように率直なコメントをした。「あれは完全な失投です。カブレラにうまく打たれました」

ダグアウトから新しいエースを見守っていたジラルディは、田中が動揺していないのを見て安堵した。その後、田中は落ち着いたピッチングで、続く三人のバッターを抑えた。二番ラスマスをゴロに打ち取り、三番ホセ・バティスタをカーブで見逃し三振、四番エドウィン・エンカーナシオンをスライダーで空振り三振に切って取った。

しかし、二回裏の田中は一死から連打を浴び、さらに味方のエラーで満塁とされると、九番ディアスにレフト前への二点タイムリーヒットを打たれ、逆転を許してしまう。

三回表、ヤンキースは、テキサス・レンジャーズから移籍したばかりの内野手ヤンヘルビス・ソラルテが、二点タイムリーツーベースを放ち、ふたたびリードを奪った。ヤンキースにとっては、その直前に審判の判定が覆ったことが幸いした。ソラルテの前の打者はイチローだった。二アウト二塁の場面で、イチローはセカンドゴロを打った。きわどいタイミングで一塁アウトとなり、ブルージェイズの先発マゴワンは窮地を脱したかに見えた。ところが、その判定にジラルディ監督が抗議し、ビデオ判定の結果、ジャッジはセーフに変わり、内野安打になったのである。▼6田中は落ち着いていた。自分もチームもベストを尽くしている。自分が全力でプレーすれば、チームもそれにこたえてくれる。ヤンキースがふたたびリードしたあと、田中の表情に落ち着きがもどったことに、ジラルディ監督は気づいた。ダグアウトからでも、それがはっきりと見てとれた。

三回の途中から七回が終わるまで、ブルージェイズは三人の投手をつぎこんだ。一方、四回以降の田中は、一イニングを除いて、すべて三者凡退に仕留めた。七回裏を投げ終えたところで降板し、投球数九七（うち六五ストライク）、六安打三失点（自責点二）、奪三振八、四死球〇という成績で、デビュー戦を勝利で飾った。

「前半はばたばたしましたが、回が進むにつれてゲームに入っていけるようになり、集中力も出てきました」。試合後のインタビューで、田中はこう語った。

田中は、ヤンキースに七対三の勝利をもたらした。これは、彼にとってメジャーデビュー戦での勝利というだけでなく、日米通算一〇〇勝目でもあったという意味で、記念すべき勝利だった。



▼6　MLBで2014年から導入されたチャレンジ制度。審判の判定に異議がある場合、両チームは、1試合で原則2回までビデオ判定を要求できる。

試合後、大勢の記者がジラルディ監督を取り囲み、新人投手についての感想を尋ねた。「感情をうまくコントロールして、最初の数イニングのあとは自分を取りもどしていたね。早い段階でミスを修正していた。成熟した投手の証拠だ」と、ジラルディは述べた。

記者たちは、ブルージェイズのジョン・ギボンズ監督にもコメントを求めた。「田中は本物だよ」。ギボンズはそう言って歩み去った。ジラルディやファルケンボーグと同意見だった。

ジラルディ監督は、田中がいい球を投げて思いどおりのピッチングをしているときではなく、ピッチングに苦しんでいるときに自分をコントロールできることを評価していた。二週間ほど前、三月二二日のミネソタ・ツインズとのオープン戦で、田中は三失点を喫した。「ボールが先行するといつも苦労します」と田中は言った。その六日後、二八日のマイアミ・マーリンズ戦で六イニングを投げた田中は、一〇個の三振を奪い、許したヒットはわずかに三本だった。

田中の印象を聞かれたファルケンボーグは、率直にこう答えた。「彼の投球は、おれが見た日本の投手のなかで、いちばんアメリカの投手に近いと思うね。打者を攻めるピッチングをしている」

ギボンズ、ジラルディ、ファルケンボーグの言うとおりだ。田中は、まちがいなく本物だ。だが新しいシーズンは、まだはじまったばかりである。

# 第2部

## 二〇一四年　シーズン

# 第9章 ヤンキー・スタジアム初登板

田中将大は、背番号31をつけた捕手、藤井彰人《あきひと》にボールを渡した。

その少し前、田中は、楽天イーグルスの臙脂色《えんじいろ》のユニフォームを着た、背番号71の紀藤真琴《まこと》一軍投手コーチが、苦い知らせを告げにマウンドにやってくる姿を見つめていた。こんなにあっけなく終わるはずではなかったのに、という思いが胸をかすめた。悲しく、意気消沈して、つい目を伏せたが、思い切って顔を上げると、なにもかも理解してくれているような、静かな眼差しがそこにあった。それですべてが帳消しになるわけではないにしろ、少なくともコーチは、ぎらつく瞳で彼をにらみすえてはいなかった。一からやりなおせばいいだけだ、ということは自分にもわかっていた。今は、この屈辱を堪《た》え忍べばいい。野村克也監督は、ダグアウトの入口に立ち、腕組みをしながら投手交代の様子を見守っている。野村は日本の両リーグのなかで最高齢の監督であり、球界きっての知将と呼ばれている人物だった。その野村監督が、田中をこの日のマウンドに送り、今はそこから解放しようとしていた。田中は紀藤コーチに軽く頭を下げ、ふたりは無言のままマウンドをあとにした。引きあげてくる彼らの姿を見て、野村監督は、ウォーミングアップを大急ぎではじめていた次の投手を出すよう、ブルペンに指示をした。こうして田中の楽天イーグルスでのデビュー戦は、終わりを告げた。

田中はダグアウトにもどった。チームメイトの誰とも目を合わさないようにしながら、空いているベンチに崩れるように座り、頭をかかえて、自分の恥ずかしさを見せまいとした。信じられなかった。なんたるデビュー戦だったことか。チームメイトたちは彼の落胆をよくわかっており、そっと背中をたたいて、慰めの気持ちを伝えてくれた。だが、田中の耳に聞こえてくるのは、ボールが走る音と、バットがそれを打ち返す音、自分が投げる球をことごとくジャストミートした打者たちが球場に響かせた快音だけだった。すべてが一瞬のうちに起こったように思える。わずか一回と三分の二で、六本のヒットを打たれ、六点を失い、四球をひとつ与えた。▼1 三振の山を築くつもりで試合にのぞんだのに。たとえプロ入りしたばかりであろうと、もう少し通用するんじゃないかというのは、野村監督の望みでもあった。だが、その期待にこたえられずに終わってしまった。田中は大きく息をついた。野村監督は、ダグアウトへは降りてこず、短い階段の上に立ったまま、マウンドで投球練習をしている投手の様子をじっと見つめており、振り返ろうとはしなかった。「乗り越えろ、マー君」と、野村監督はつぶやいた。「おまえならできる」

高校時代から、誰もが田中のことをマー君と呼ぶ。田中は少年の頃から、どれほど絶望的な状況に思えても、ただちに気持ちを切り替える必要があることを、しっかりと学んできた。駒澤大学附属苫小牧高校に在学中の二〇〇六年の夏、ウイルス性腸炎で苦しんでいたときでさえ、第八



▼1　その後、4回に楽天が同点に追いついたため、敗戦投手にはなっていない。

八回の夏の甲子園で、七四二球を投げ、五四の三振を奪った。決勝戦でぶつかったのは、ライバルの斎藤佑樹投手を擁する早稲田実業学校だった。両校は延長一五回まで戦ったものの、一対一の引き分けで再試合となった。田中はこのとき、先発ではなくリリーフとして登板し、一二イニングと三分の二を投げ、投球数一六五、奪三振数一〇。それが八月二〇日のことだった。翌日の再試合で、ふたたびリリーフ登板した田中は、七イニングと三分の一を投げ終えるまで八四球を投じ、四つの三振を奪った。しかし勝利の女神は微笑まず、駒大苫小牧高校は三対四で敗れた。結局、あのときは、炎天下の甲子園で五万人の観客を前に、二日間にわたる死闘を演じた。負けはしたものの、田中は満足感でいっぱいだった。すべての力を出し切って終わった結果だからである。

田中は自分自身に頷いてみせた。今回にしても、全力でぶつかった結果であることに変わりはない。プロ野球の世界で生きていきたいのであれば、こうした敗戦に対処できる精神力を身につけなければならないのだ。この二〇〇七年三月二九日の楽天でのデビュー戦のとき、田中はまだ一八歳にすぎなかった。そのソフトバンク戦は、苦い味がした。

七年後、田中は喜びを胸に、カナダのトロントの球場をあとにした。田中のメジャーリーグ・デビュー戦となったニューヨーク・ヤンキース対トロント・ブルージェイズの試合は、勝利に終わった。一九七七年に創設されたブルージェイズは、メジャーリーグで唯一、アメリカ国外に本拠地をおく球団である。アメリカンリーグに加入した初年度の記念すべき第一戦は、雪のちらつく、まだ寒い四月七日におこなわれ、シカゴ・ホワイトソックスを九対五でくだした。その年のシーズンも終盤にさしかかった九月一〇日のヤンキース戦では、三塁手のロイ・ハウエルが、二本の二塁打と二本の本塁打をふくむ五安打を放ち、九打点をあげるなど、すさまじい猛攻を繰り広げ、ヤンキースを一九対三で粉砕している。

二〇一四年四月、日本のときとは一八〇度異なる結果でメジャーのデビューを飾った田中は、これからの強豪チームとの対戦に闘志を燃やしていた。日本での、あの屈辱的な二〇〇七年の試合のあとも、田中はコーチの助言に真摯に耳を傾け、二〇日後の四月一八日にふたたびソフトバンクと対戦したときは九回を二失点で投げきり、完投でプロ入り後の初勝利をあげた。それに続いて、完封勝利も手中におさめた。波乱の船出となったシーズンが終わってみれば、田中は一九六もの三振を奪い、新人王に輝いた。▼2

うれしい白星となったブルージェイズ戦だったが、田中の心には、試合中に犯したミスが大きな反省点として残った。たとえば、初回の先頭打者カブレラに右中間スタンドへ運ばれたスプリット。あのカブレラのスイングは、すばらしかった。また、三回裏の一死の場面で、エドウィン・エンカーナシオンに投じた直球。ベテラン打者は内角高めのコースを見逃さず、痛烈な二塁打を放った。あれが本塁打にならなかったのは、じつにラッキーだった。もっとも、ブルージェイズに打たれた二塁打はあの一本だけだったから、ひどくやられたというわけではない。それでも、まだ学ばねばならないことが多いのは事実だった。投手のわずかなミスによって、試合がひっくり返ってしまうこともあるのだから。

田中は一回と二回に得点を許したものの、三回以降は無失点で抑えた。スピードをコントロー



▼2　2007年の田中の成績は、11勝7敗、防御率3.82、投球回数186回3分の1、奪三振数196。4完投、1完封。完封勝利は6月13日の中日ドラゴンズ戦。

ルしながら丁寧《ていねい》に低めをつき、ボールは怒れるハチドリさながらに打者を翻弄した。ブルージェイズ打線はあわせて二七打数六安打で、実際にヒットを放ったのは五人。それ以外の打者は、ほとんどが内野ゴロか三振に倒れた。田中は立ち上がりで乱れかけたところを踏ん張り、がまんの投球を続け、勝利を手にした。

野球界全体の注目がいやがうえにも高まるなか、田中は彼らを失望させなかったばかりか、期待を超える働きをしてみせた。

その五日後、田中はボルティモア・オリオールズとの対戦で檜舞台《ひのきぶたい》に立った。二〇〇九年に完成した、新ヤンキー・スタジアムでの初登板である。

二四〇万ドルをかけてブロンクスに建設された旧ヤンキー・スタジアムは、一九二三年に開場し、二〇〇八年にその長い歴史を閉じた。好景気に沸き、狂騒の二〇年代と呼ばれた時代にあっても、ヤンキース専用のスタジアムの建設に投じられた二五〇万ドルという費用は、巨額だったといえよう。二〇〇九年に、またも一五億ドルという莫大な建設費をつぎこんだ新スタジアムが、隣接する土地に完成した。

開場五〇周年にあたる一九七三年のシーズン後から七五年までの大改修期間中を除き、一九二三年から二〇〇八年まで使用された旧ヤンキー・スタジアムは、〝ルースが建てた家〟と呼ばれた。このニックネームは、ジョージ・ハーマン・〝ベーブ〟・ルース・ジュニアにちなんで付けられたものだ。〝バンビーノ〟という愛称でも親しまれたルースは、アメリカ野球界の巨人のひとりに数えられる。最盛期のポジションは外野手だったが、ちょうど第一次世界大戦が勃発して終



▼3　この契約書は2005年にオークションにかけられ、99万6000ドルで落札された。また2014年には、ルースが1918年にレッドソックスと交わした年俸5000ドルの契約書に、102万ドルの価格がついた。野球選手の契約書の落札額としては、これらが史上最高の1位と2位を占める。

結するまでの一九一四年から一九一九年のあいだは、左腕の投手としてボストン・レッドソックスに在籍し、一九一八年のワールドシリーズ優勝にも貢献した。しかし、この頃から打撃の才能を開花させはじめ、一九一九年には当時の年間最多本塁打記録を樹立するまでになり、その豪快なホームランによって一気にスーパースターの座に登りつめた。ルースの年俸は高騰した。また、レッドソックスのオーナーだったハリー・フレイジーは、劇場の興行主もかねており、極度の資金難に陥っていたために、異論はあったものの、ルースを金銭トレードでヤンキースに放出した。一九一九年のクリスマスの翌日、ルースはヤンキースの選手となった。定説によれば、フレイジーはルースの移籍によって得た金を、ブロードウェイの新作ミュージカル『マイ・レディ・フレンズ』や、その後の『ノー・ノー・ナネット』の製作資金にまわしたのだという。どちらの作品も成功をおさめ、フレイジーに多額の収入をもたらしたとされる。フレイジーは、当時の野球選手の移籍金としては破格の一〇万ドルで、ルースをヤンキースに譲渡した。[▼3] レッドソックスは、一九〇三年から一九一九年までの一六回のワールドシリーズのうち、[▼4] 五回の優勝を遂げていたが、ルース放出後、リーグ優勝は一九四六年まで、ワールドシリーズ優勝は二〇〇四年まで果たせなかった。そのため、この時期の低迷は、ずっと〝バンビーノの呪い〟と呼ばれ続けた。

ベーブ・ルースは、一九二〇年のシーズンから、ヤンキースの顔として怒濤の活躍をはじめた。入団三年後にヤンキー・スタジアムが開場すると、こけら落としの試合で球場第一号となる本塁打を放ち、祝賀ムードに花を添えた。ヤンキース時代の一五年間、ルースは毎年のように本塁打を量産して、じつに一〇回も本塁打王に輝いた。その前のレッドソックス時代をふくめれば、タ



▼4　1904年は、ナショナルリーグを制覇したジャイアンツがアメリカンリーグ優勝のアメリカンズとの対戦を拒否したため、ワールドシリーズがおこなわれていない。

イトル獲得数は一二回におよぶ。▼5

二〇一四年四月九日、田中はスタジアムに入ると、一塁側と三塁側のスタンドの最前列を眺めた。絶好のシャッターチャンスを逃さずにとらえ、かつこの新人投手からなにがしかのコメントを取ろうと、一〇〇人を超す報道陣がむらがっている。野球史上もっとも輝かしい伝統を誇る球場で投げるという事実を前に、おそらく田中は緊張の面持《おもも》ちで登場するにちがいないと、おおかたの記者たちは予想していた。ところが、そういった常識は、田中将大にはあてはまらなかった。マウンドに立ったとき、彼の顔は、一身に集まる注目を楽しんでいることを物語っていた。

しかし、田中は序盤にいきなりピンチを迎えた。二回の表、二本のヒットを打たれたあと、オリオールズの三塁手ジョナサン・スコープ▼6にスリーランホームランを浴び、一気に三対〇のリードを許したのである。だが、このとき田中が内心ひるんだとしても、誰の目にもそれはわからなかった。田中は崩れず、その後は一点も与えずに七回まで投げ、被安打七、奪三振一〇という成績で、マウンドを降りた。味方が三対三の同点としていたため、勝敗がつかないままの交代だった。フロリダのオープン戦でも五試合に登板し、レギュラーシーズンでのデビュー戦、ヤンキー・スタジアムでのデビュー戦と続いたにもかかわらず、二〇一二年八月一九日の西武ライオンズ戦に敗れて以来の連勝記録は、とぎれなかった。オープン戦の成績は二勝〇敗。奪った三振の数は二六で、ヤンキースの投手陣のなかでは最多だった。

結果的に、ヤンキースは四対五で敗れた。しかし試合後、田中が獲得金額に見合うだけの投手だと思うか、と質問されたオリオールズ監督のバック・ショーウォルターは、「このオフシーズ



▼5　ルースの生涯通算本塁打数714本は、1974年にハンク・アーロン（当時アトランタ・ブレーブス）によって破られるまで、39年間メジャーリーグの歴代1位だった。アーロンの通算755本の記録は、2007年にバリー・ボンズ（当時サンフランシスコ・ジャイアンツ）が塗りかえた。現在は、ボンズの通算762本が歴代1位である。

ンでは最高の買い物だったと思うね。あれだけの成績を持つ選手で、しかもまだ若いというのがポイントだ。ヤンキースを批判するつもりはないよ。わたしが彼らの立場だったら、同じ判断をくだしただろう」と答えた。

ピッチングスタッフのひとりが田中の先に立って、彼の黄金の腕をアイシングするために待機しているチームトレーナーのところへ案内した。田中の専属通訳の堀江慎吾が、アメリカ全国紙『USAトゥデイ』の記者を連れて、人混みから現れた。「野茂英雄は、アメリカで初めて本物の成功をおさめた日本人投手です。その野茂のデビュー戦と比べて、あなたのヤンキー・スタジアムでのデビューはどうだったと思いますか？」と記者が尋ねた。[7]

「ぼくは彼のデビュー戦を知らないんです。まだ六歳だったから」。トレーナーにアイシング処置を施してもらうための用意をしながら、田中が答えた。

記者は顔を赤らめた。田中がまだ幼い子供にすぎない九〇年代の出来事を訊いてしまったことに、気づいたのだ。記者は堀江のほうを眺め、それから田中に顔をもどした。エースピッチャーは微笑んだ。

「ぼくたち日本人選手は全員、野茂さんの功績に感謝しています」と田中は言った。「ぼくたちに希望を与えてくれたのが、野茂さんでした」



▼6　スクープと表記されることもある。
▼7　野茂英雄は、1995年に近鉄バファローズ（当時）を任意引退して、ロサンゼルス・ドジャースと契約。メジャーリーグのデビュー戦は、同年5月2日のサンフランシスコ・ジャイアンツ戦。5回で91球を投げ、1安打無失点7奪三振の好投だったが、勝敗はつかなかった。

# 第10章 記録更新の三試合目

外野には雪が積もっていた。アメリカの四月一五日はタックス・デー、すなわち確定申告の締め切り日だ。

そして、この日はジャッキー・ロビンソン・デーでもある。

「風がうなると、故郷にいるような気がするよ」と、ジョー・ジラルディ監督は言った。寒さなど気にならないと言っているようだ。ジラルディはイリノイ州出身で、捕手を務めた現役時代はシカゴ・カブスからメジャーにデビューし、他球団に移籍してからの復帰をふくめ、合計で七シーズンを同球団で過ごした経験を持つ。今回の対戦相手はカブスだが、ジラルディは、それも気にしていないようだった。

アメリカでは、四月一五日はとことん楽しむ日——だが、メジャーリーグの投手は別だ。田中将大が投げるシカゴ・カブス戦を観戦するつもりだった人々もまた、同様だった。残念なことに、この日は早朝から雨が降りはじめ、予定されていたニューヨーク・ヤンキース対シカゴ・カブス



▼1　ロビンソンの背番号42は、1997年にメジャー全球団での永久欠番に指定された。メジャーデビューした4月15日が「ジャッキー・ロビンソン・デー」に制定されたのは、2004年である。その生涯については、2013年に公開された映画『42～世界を変えた男』にくわしい。

のダブルヘッダーも、ジャッキー・ロビンソン記念式典も、四月一六日の水曜日に順延されることになったからである。田中は、同日の二試合のうち、午後一時五分開始の第一試合に登板する。背番号42のジャッキー・ロビンソンは、メジャーリーグ初のアフリカ系アメリカ人選手といわれる。▼1 実際には、一八八四年にアメリカン・アソシエーションでプレーしたモーゼス・フリート・ウォーカーにつぐ二人目となるが、黒人選手がメジャーリーグに参加する道を切り拓《ひら》いたのは、彼である。ロビンソンは、一九四七年から一九五六年まで、ブルックリン・ドジャース（現ロサンゼルス・ドジャース）でおもに二塁や一塁などの内野手を務め、華々しい活躍をした。また、チャンスに強いバッティングでもファンの心をつかみ、一〇年間の選手生活で一五一八本の安打と、一三七本の本塁打を放った。▼2 田中は、初めて――願わくばこれから幾度も――参加するジャッキー・ロビンソン・デーを、とても楽しみにしていた。ロビンソンは、彼にとってもヒーローだったのだ。

　田中は、目前に迫ったカブスとの戦いのことを考えた。数か月前の一月、カブスのゼネラルマネージャーのジェド・ホイアー、球団社長のセオ・エプスタイン、そしてオーナーのトム・リケッツをはじめとするカブス交渉団は、田中を獲得するためにビバリーヒルズでの面談に参加し、絶頂期の彼を中心とする若手投手主体のローテーションを申し出た。初めから、勝利球団のエースの座を保証したのである。

　結局田中は、カブスと契約を交わさなかった。そして今、自分が選んだチームの本拠地で、カブスと対戦しようとしている。しこりが残ってないといいんだけれど、と田中は思った。一部で



▼2　デビューした1947年に新人王と盗塁王を、49年には首位打者、盗塁王、リーグMVPを獲得している。生涯打率は.311。ちなみに新人王と盗塁王の同時獲得はロビンソンと85年のヴィンス・コールマン、2001年のイチローの3人のみ。

は、彼がカブスを鼻であしらったという報道も出た。でたらめもいいところだ。そんなことはしていない。いくつかの選択肢のなかから、自分のキャリアのためにベストと思うものを選んだだけだ。カブスについてもじっくり検討した結果、最終的にニューヨーク・ヤンキースに決めたのである。「申し出をしてくれたチームはすべて、平等に、真剣に考えました」と彼は述べた。

状況は少々不利だった。ナショナル・リーグのいくつかの球団とは、オープン戦で顔を合わせたが、〝カビーズ〟の春季キャンプ地はフロリダではなくアリゾナだったから、一度も対戦したことがない。メディアの記事やこれまでの資料、コーチなどから得た情報以外、対戦相手のことをまったく知らないまま、本拠地ヤンキー・スタジアムでは二回目の、そして今シーズン三回目の登板にのぞまなければならない。田中が投げるのは、ダブルヘッダーの第一試合、午後一時五分開始予定のデーゲームである。これまでの二試合の成績は、一勝〇敗、防御率三・二一。そして、この試合で八つ以上の三振を奪えば、ヤンキースの記録を塗りかえることになると言われていた。過去一〇〇年のあいだ、ヤンキースの投手のうち、デビュー戦からの三試合でもっとも多くの三振を奪ったのは、アル・ライター▼3である。彼は一九八七年九月にデビューし、三試合で二五の三振を奪った。田中は、一試合目に八、二試合目に一〇と、現在の奪三振数は一八で、首位の記録に迫っていた。

試合前日、ほかの先発メンバーのほとんどは休養していたが、田中はニューヨーク・ヤンキースのトレーニング場に行き、肩慣らしをした。明日の投球予定数は一〇〇球。不測の事態は避けたい。もっと投げた試合もあるが、一〇〇球はかなりの数であり、持ち球のキレを確認しておき



▼3　2005年に引退したライターの通算成績は、162勝132敗2セーブ、防御率3.80、投球回数2391回、奪三振数1974。

たかった。アメリカのメディアは、今シーズンの田中はこれまで、フォーシーム、スプリット、シンキングファストボール（シュート気味ストレート）、カットファストボール（ストレートとスライダーの中間）のほか、チェンジアップ、スライダー、カーブを投げたと報じている。あえて否定するつもりはなかったが、田中の球種はそれだけにとどまらない。マキャンはよく承知していて、プロとしての経験をもとに、田中と配球を組み立てていた。

ダブルヘッダーは雨のため順延となった。田中は肩をアイシングし、マッサージを受けてから帰宅した。ヤンキースの新人投手として、デビューから三試合の最多奪三振記録を破るのは、翌日に持ち越しとなった。

あっという間に水曜日になった。天気は快晴である。アメリカでは水曜日を〝折り返し点《ハンプデー》〟と呼ぶ。ヤンキー・スタジアムにおけるヤンキース対カブス戦、昼夜ダブルヘッダーの第一試合は、午後一時五分にはじまった。

今シーズンで引退のジーターは出場せず、三試合連続のベンチスタートとなった。

内野を覆っていた防水シートには、一晩で氷が張り、うっすらと雪が積もっていた。球場スタッフが、白く積もった雪や氷を巨大送風機でとかし、防水シートをはずした。右翼側のところどころに雪が残っていたが、カブスの選手たちは、気にせずに打撃練習をはじめた。防寒対策に毛糸の帽子をかぶっている。

寒さにも動じず、田中は一〇奪三振。記録を塗りかえた。

だが、田中が更新したのは、それだけではなかった。『ＥＳＰＮ』のマーティ・カリナンよると、田中の合計二八という奪三振数は、ヤンキース史上では、デビュー戦からの三試合だけでなく、開幕三試合での最多記録（一九五五年のボブ・ターリー▼4の二七）も更新したほか、アメリカン・リーグ史上でも、デビュー戦三試合の最多記録（一九八七年のライターならびに二〇一二年のクリス・アーチャー▼5の二五）も塗りかえた。

田中が許した安打は、八イニングを投げて、バント安打の二本だけだった。

田中の投球について、カブスの監督リック・レンテリアは「あのスプリットはお手上げだ。どうしようもない」と述べた。レンテリアは、一九八六年にパイレーツでメジャーデビュー、二〇一四年にカブスの監督になった人物だ。試合中、ダグアウトにもどってきたカブスの打者たちも、田中のピッチングのことばかり口にした。ボールが手から離れたときはストレートだと思ったのに、次の瞬間すとんと落ちた、と。皆一様に舌を巻いていた。

田中のスプリットがストレートに見えるのも、無理はない。田中のストレートは時速約一四八キロ（九一・七マイル）、スプリットは約一四〇キロ（八七・一マイル）である。球速だけを見ればほとんど変わらず、またメジャーリーガーとしても平均的な速度だが、本塁ベースを通過するときの落差がいちじるしく異なる。田中のストレートが、一秒間に約三・五メートル（一一・六フィート／メジャー平均は一二フィート）落ちるのに対し、スプリットのほうは、一秒間に約五メートル（一七フィート）落ちる。その落差はほとんど垂直に近く、カブスの打者が思わずバットを振っても、あたらないのだ。彼らには、ふたつの球種の違いを見きわめることができなかった。

ヤンキースのピッチングコーチのラリー・ロスチャイルドには、田中は終始落ち着いているよ



▼4　ターリーのメジャー12シーズンの通算成績は、101勝85敗12セーブ、防御率3.64、投球回数1712回3分の2、奪三振数1265。
▼5　アーチャーはデビューした2012年に1勝3敗、翌13年は9勝7敗、14年には10勝9敗の成績。通算防御率は3.39。レイズ所属。

うに見えた。田中には三種類の決め球がある。どれも変化球で、どれも二ストライクを取ってから、破壊的な威力を示す。「すばらしいコントロールだ」とロスチャイルドは評した。

ヤンキースはこの日、ダブルヘッダーの二試合に連勝した。田中が先発したデーゲームは三対〇、マイケル・ピネダが先発したナイトゲームは二対〇だった。

ヤンキースは一九八七年以来、ダブルヘッダーを連続で完封勝利したことがなかった。両リーグの歴史から見ても、ダブルヘッダーの完封は、ツインズがオークランドに完勝した一九八八年以来のことだ。ジョー・ジラルディ監督も、そのことをよく承知していた。「われわれの投手のピッチングがどれほどすばらしいかを、示す結果になった」とジラルディは述べた。「一八イニングを無失点で抑えるということは、すべてがうまくいっている証拠だ」

田中は凄まじかった。気温六度のなかで、カブスの選手を連続一四人アウトにした。ニューヨーク・タイムズの見出しのとおり、田中にとっては、カブスも寒さも影響なかった。八回に最後の打者を打ち取ったとき、田中はグローブのなかで手を打ち合わせた。この日のヤンキー・スタジアムでの試合は、これまでの二試合よりもずっと落ち着いており、なににも動じず、崩れなかった。「前の二戦より、冷静でいられたと思います」と、試合後のインタビューで田中は答えた。

「今日の投球には、非常に満足しています」

田中将大にとって、四月は満足すべき月だった。メジャーデビューの三戦を終え、二二イニング投げて二八奪三振。さまざまな記録を塗りかえた。二〇一三年のビバリーヒルズでの契約交渉戦を、メディアは「野球史上もっとも興味をそそる獲得競争のひとつ」と呼んだが、ヤンキースの監督ジョー・ジラルディに言わせれば、それは過小評価だった、ということになるだろう。

# 第11章 崩れない不敗神話

「今シーズンも二四勝〇敗の成績をあげられたら、とは考えています」と、田中将大は言った。「可能性はゼロではないでしょう？　だったら、チャンスに挑みます。マウンドに登るときは、いつも勝つことだけを考えます。二四勝〇敗の達成はかなりきびしいことですが、可能性があるかぎり、あきらめません」

「堂々たる存在感という意味では、彼はエル・ドゥーケ・ヘルナンデス[1]やロジャー・クレメンス[2]と肩を並べるだろう」とは、ヤンキースのゼネラルマネージャーのブライアン・キャッシュマンの弁だ。「彼がこれほどの有力選手になろうとは、はじめに誰が想像しただろう。だが、今では、もう何年もここにいる選手のように思える。田中にはなにも恐れるものがなく、彼の前に壁はない」

ゼネラルマネージャーの言葉を、田中はあえて否定しないだろう。だが「恐れるものがない」という言葉には、頷けなかった。カブス戦で一〇〇球以上投げたあと、肩に痛みを感じた。いつ

▼1　本名は、オーランド・ヘルナンデス・ペドロソ。愛称の「エル・ドゥーケ」は公爵の意。1997年末にキューバから亡命し、ヤンキースの1998-2000年のワールドシリーズ3連覇に貢献した。メジャー通算成績は、9年間で90勝65敗2セーブ、防御率4.14、投球回数1314回3分の2、奪三振数1086。

もより長くアイシングすることになったが、刺すような痛みが一、二時間ほどでおさまったので、田中は心底安堵《あんど》した。キャッシュマンはひとつまちがっている。田中は怪我《けが》を恐れていた。特別なことではない。怪我を恐れるのは、どの選手も共通だ。

田中は次の登板が待ち遠しかった。次の試合は四月二二日、ボストンのフェンウェイ・パークでのビジター戦である。相手はヤンキースの最大のライバル、ボストン・レッドソックスだ。田中は、三〇歳の左腕ジョン・レスターと投げ合うことになる。レッドソックスきっての先発投手レスターの成績は、これまでのところ二勝二敗。一方、田中は二勝〇敗である。メディアはこぞって、マー君は絶好調、と持ちあげていたが、田中はそういった雑音を無視した。気が散るだけだ。田中はレスターを研究し、投球速度や投球コースを視覚化したヒートマップ[3]や、バッターの長所と弱点の詳細な分析資料、ビデオ、また、経験豊富なピッチングコーチのラリー・ロスチャイルドの助言など、さまざまな情報源から知識を得て戦いにそなえた。レスターは、二〇〇七年のワールドシリーズ第四戦でレッドソックスが優勝を決めたときの勝利投手だった。田中にとってこれは大きかった。田中は、ワールドシリーズに出場したすべての投手に、深い敬意を抱いていた。しかも最終戦で投げ、かつ勝利したということは、投手であれば誰もが憧れる、究極の経験といっていい。そんな相手に挑戦することに、田中は興奮をおぼえた。

ニューヨーク・ヤンキースとボストン・レッドソックスは、一〇〇年以上にわたって覇権を争ってきた。一九一九年にレッドソックスのオーナーのハリー・フレイジーが、ベーブ・ルースをヤンキースに放出したとき以来の因縁である。その後レッドソックスは、八六年間もワールドシ



▼2　歴代最多7度のサイ・ヤング賞を受賞した、メジャーを代表する投手のひとり。通算成績は、1984年からの24年間で354勝184敗、防御率3.12、投球回数4916回3分の2、奪三振数4672。

▼3　色や円などのグラフィックで解析したもの。

リーズの優勝から遠のいた。選手たちのあいだでは、それは呪いのせいだとささやかれた。〝バンビーノの呪い〟――バンビーノとはルースの愛称である。その呪いがライバル意識を生み、スポーツ界で最大のライバル関係ができあがる源になったのだ、と主張する者さえいる。

二〇〇四年のアメリカン・リーグ・チャンピオンシップシリーズは、ヤンキース対レッドソックスの組み合わせとなった。三戦目まで、ヤンキースはレッドソックスを三勝〇敗でリードしていた。だが、レッドソックスは、あと一戦落とせば敗退という劣勢を跳ね返し、優勝をとげる。三勝〇敗からの巻き返しでリーグ優勝を飾ったのは、メジャーリーグ史上あとにも先にもこのときだけだ。レッドソックスはワールドシリーズのタイトルも獲得し、八六年間におよぶ〝バンビーノの呪い〟に終止符を打った。

ボストンのフェンウェイ・パークでの試合は、東部時間の午後七時一〇分にはじまった。二〇一三年のボストンマラソン爆弾テロ事件の悲劇から、ちょうど一年と五日目にあたる日だった。ヤンキースの先頭打者ジャコビー・エルズベリーは、二〇〇七年から七年間レッドソックスでプレーし、二〇一三年のシーズン終了後に〝ブロンクス・ボンバーズ〟の一員になった。契約内容は田中とよく似ており、七年で一億五三〇〇万ドルという破格の金額である。エルズベリーは、失ったものの大きさを古巣に見せつけた。まず、初回の第一打席で三塁打を放ってみせた。三塁に立ったとき、レッドソックスの熱烈なファンからブーイングを浴びせられたが、エルズベリーは笑顔を絶やさなかった。その後、先制のホームを踏み、まだマウンドに上がっていない自軍の先発投手に、貴重な先制点をプレゼントした。さらに五回には、二点タイムリーツーベースを放った。

一方、田中も快調だった。七回三分の一を投げて、七安打二失点、七奪三振、無四球の好投を見せ、開幕後四試合の通算奪三振数を三五に伸ばした。▼4 ふたたびチーム記録の更新である。

田中がフェンウェイ・パークで投げるのは、今回が初めてだった。この現役最古の球場は、右翼が約九二メートル、左翼が九四・五メートルの広さで、左翼側には、蔦《つた》が生い茂っているせいで〝グリーン・モンスター〟と呼ばれる高さ一一・三メートルのフェンスがある。レッドソックスは、一九一二年に、ハンティントン・アベニュー・ベースボール・グラウンズからフェンウェイ・パークに拠点を移した。名前の由来は、ボストン中心街のフェンウェイ地区に建設されたことによる。「伝統のある球場だということは知っています」と田中は述べた。「マウンドに向かいながら、それを肌で感じました」

試合後、田中についてコメントを求められたデレク・ジーターは、メディアにこう答えた。「彼はきっと、自分の優秀さをひけらかしたりしないような学校で学んだんだよ」

実際、田中の対応はじつに謙虚だった。「自分が世界のベストピッチャーのひとりに入れるとは、思っていません」

四月は終わりに近づいていたが、二七日には、強敵ロサンゼルス・エンゼルス・オブ・アナハイムとのホームでの対戦がひかえていた。田中にとって今季の五試合目であり、中四日で登板するのは二回目となる。マスコミが殺到した。過去六一六日間で、田中は一敗しかしていない。田中はエースとしての期待にこたえるだけでなく、ヤンキースは一億七五〇〇万ドルに値する掘り



▼4　2失点は4回、3番デビッド・オルティーズと4番マイク・ナポリの連続ホームランによるもの。

出し物を得た、と世間に言わしめつつあった。だが、勝負ほど結果のわからないものはない。リーグ関係者もファンもメディアも、次になにが起こるかと、さまざまな期待や疑心、不安を交錯させながら見守っていた。

もちろんヤンキースは、田中が〝ザ・ハローズ〟▼5相手に崩れるわけはないと考えていた。田中は彼らの奪三振王であり、田中の存在がチーム全体の士気をあげていた。

ロサンゼルス・エンゼルス・オブ・アナハイムは、過去に何度か名称を変えている。カリフォルニア・エンゼルスも、そのひとつだ。現在の球団名にロサンゼルスを冠しているのは、ロサンゼルスがチーム発祥の地だからである。また、エンゼルスは、ロサンゼルスがスペイン語の〝天使たち〟という語に由来するのにちなんでいる。それを英語になおせば、〝ジ・エンゼルス〟となるからだ。この球団は、一九六一年のアメリカン・リーグ拡張によって誕生した。初代オーナーは、ハリウッドを代表する西部劇のスター、ジーン・オートリーである。彼は球団名を〝ロサンゼルス・エンゼルス〟とした。一九〇三年から一九五七年まで、西海岸のパシフィック・コーストリーグで活躍した、同名の球団の名称を引き継いだのである▼6。現在、パシフィック・コーストリーグは3A級のマイナーリーグに所属しているが、当時はメジャーに匹敵するほどの規模だった。そもそもパシフィック時代のロサンゼルス・エンゼルスは、一九五七年に当時のブルックリン・ドジャースのオーナー、ウォルター・オマリーが買い取っていた。オートリーは新たに球団を創設するにあたって、地元に根づいた球団名をオマリーから購入したのである。新ロサンゼルス・エンゼルスに専用球場はなく、一九六二年から六五年までは、東海岸から移転してロサン



▼5　天使の輪の意味。ロサンゼルス・エンゼルスのホーム球場エンゼル・スタジアム・オブ・アナハイムの通称。

▼6　1958年以降、この球団はワシントン州スポケーンをはじめ、各地を移転して名称を変えている。

ゼルス・ドジャースと改称した名門チームがダウンタウン地区北部のチャベス・ラビーンに新設した、ドジャー・スタジアムを間借りしていた。球団は、一九九六年から拠点をロサンゼルスの南東のアナハイム市に移すことに決め、移転にそなえて着工されていたアナハイム・スタジアムも、同年四月にオープンした。そして、球団名は、〝アナハイム・エンゼルス〟に、二〇〇五年からは、〝ロサンゼルス・エンゼルス・オブ・アナハイム〟に改称された。経営権は一九九七年に、三六年間にわたってオーナーを務めたオートリーから、ウォルト・ディズニー社に変わった。チームはワールドシリーズで優勝したことはなかったが、二一世紀の変わり目に、元ドジャースの捕手でオールスター出場選手でもあるマイク・ソーシアが監督に就任すると、二〇〇二年、とうとう念願のワールドシリーズ初優勝をとげた。

二〇一四年四月二七日、ヤンキー・スタジアムのマウンドに立った田中は、いつもどおりリラックスしていた。一回表、田中は二番トラウトにヒットを許すと、四番ケンドリックを歩かせ、二死で一、二塁に走者を背負う。しかし、続くアイバーを空振り三振に切って取り、無失点で切り抜けた。その後、両チームとも得点がないまま迎えた四回表、田中は先頭の五番アイバーに二塁打を許すと、七番スチュワートに死球、八番イアンネタに四球を与え、一死満塁のピンチとなる。続く九番シャックはセカンドゴロに打ち取ったが、二塁封殺のあいだに三塁走者が生還し、エンゼルスは一対〇と先制点をあげた。

五回表、田中が打者ふたりを三振とセカンドゴロに仕留めたあと、四番ケンドリックが打ったレフトへの飛球をイチローが後逸し、三塁打となった。だが、田中は動じず、続くアイバーを三球三振に切って取り、追加点を許さなかった。

五回裏、エンゼルスの先発ギャレット・リチャーズから、六番テシェイラが四球を選んで出塁。八番ロバーツの二塁打でテシェイラは三塁へ進み、九番イチローのショートゴロで生還。ヤンキースは一対一の同点に追いついた。

しかし、直後の六回表、田中は先頭の六番フリースに、初球を右中間スタンドに運ばれ、二対一とふたたびリードされた。七回表に、先頭のカウギルを空振り三振に取ったところで、田中はウォーレンと交代した。リリーフ投手は球を低めにコントロールし、後続の打者をきっちりと抑えた。ヤンキースは、七回裏にテシェイラの本塁打でふたたび同点に追いつき、八回裏には、交代したばかりのレッドソックスのコーンから四球を選んで出塁したエルズベリーが、相手のエラーや四球などで進塁し、勝ち越し点をあげた。最終的に、ヤンキースは三対二でエンゼルスをくだし、ウォーレンが勝利投手となった。

田中が六回三分の一を投げて降板したあと、チームは同点に追いついた。「同点になったときは、もちろんうれしかったです」と田中は述べた。「反撃のチャンスをつかみ、試合を立て直す機会が来るのを待っていましたから」

その願いはかなった。そして、田中は手ぶらでは帰らなかった。奪三振の勢いはこの日も衰えず、延べ一一人の打者を三振に取るというシーズン自己最高記録をあげただけではなく、試合前半のぴりぴりした投手戦の雰囲気にも潰されなかった。「田中に、最初の敗北を味わわせてやりたかったんだけどな」と、エンゼルスの先発リチャーズは述べた。しかし残念ながら、そうはならなかった。

どちらの先発投手にも勝敗はつかず、田中の不敗神話は崩れずに残った。

ヤンキースの日本人ルーキーは、五試合通算で四六奪三振という、驚くべき記録とともにマウンドをおりた。新人投手の五戦目の記録としては、一九〇〇年以降、メジャー史上五位にあたる。

田中は早くも、ルーキーという衣を脱ぎすてつつあった。

四月二八日の『ＥＳＰＮ』のヘッドラインには、次のような見出しが躍った。

**田中、苦しみながらも底力を発揮**

# 第12章 苦しんだ末の勝利

「もっとも重要なのは」田中将大は、先日のエンゼルス戦で序盤に制球難に苦しみながらも、そこから立ち直ったことを振り返りながら、記者に語った。「それは強く願う気持ちです」。あの日、新たに一一の三振を奪った田中は、勝利投手にこそならなかったものの、敗戦もつかなかった。これに先立つ四月九日、メジャー第二戦目のバルティモア・オリオールズとの試合では、田中は七回を投げて三失点を喫した。前半の二回に一挙三点を先制されるという苦しい展開となり、この自責点は、二〇一二年八月一九日の西武ライオンズ対楽天イーグルス戦で六点を失って以降では、自己ワーストタイの数字である。[▼1] うっかりすれば、致命的な痛手になりかねなかった。だが、そうはならなかった。兵庫県の伊丹市で育ち、野球の基本を身につけ、やがて故郷を遠く離れた北海道で成長を続けていったように、田中はここニューヨークでも、異境の地のよそ者として、ふたたび成長していた。エンゼルス戦で立ち上がりに硬くなってしまったとき、自分を立て直すことができたのは、勝ちたいと強く願う気持ちだった。

▼1　田中が24勝0敗の2013年シーズンで自責点3を記録したのは、4月23日のオリックス戦と、5月14日の横浜DeNA戦のみ。

日本での田中は、決してあきらめない闘士だったが、その気迫はアメリカに来ても変わらず、マウンドに上がるたびにそれを見せつけた。

ヒットを打たれて出塁を許したときの感想を問われても、強気な姿勢をつらぬいた。「とにかく自分に言い聞かせたんです。『やたらに打たれてランナーを背負う、まあそんな日もあるさ』って。そして、落ち着こうとつとめ、コントロールが乱れないようにしました」

ひとりの記者が、メジャーの打者に球筋を見抜かれつつあると思うか、と辛辣《しんらつ》な質問をした。「それは問題じゃありません」と田中は答えた。「研究はされていると思います。でも、たいして心配していません」。そう言ってにやりとした。「相手の上をいくしかないですよ」

田中は相手チームのみならず、自分自身とも戦わなければならなかった。

ジラルディ監督は、日本から来た新たなエースを絶讃した。「危ない場面を切り抜けるときこそ、そのピッチャーの真価がわかるものさ」と、ジラルディは語った。「田中は粘って、七回まで持ちこむんだ」

四月が過ぎ、五月になったとたん、ヤンキースは、休みなしに七試合を戦うことになった。まず、メイデーのシアトル・マリナーズ戦は、四対二でマリナーズが勝ち、黒田博樹が手痛い負けを喫した。その翌日、金曜日の夜は、タンパベイ・レイズとの三連戦の初戦だった。田中は最初の二回を見てから球場を出て、休息のためマンハッタンの自宅マンションに帰った。先発の前日はいつもそうするように、その晩は早く床についた。翌土曜日の午後に、ヤンキー・スタジアムで登板することになっていたからである。だが、眠れなかった。それで遅くまで起きて、試合の様子を遅くまでテレビで見ていたが、明日はすべて自分しだいになりそうだと悟り、ようやく眠りについた。

レイズとの初戦は延長一四回までもつれこみ、終わったのは午前一時近くだった。帰宅せず、会議室のソファーで寝た選手たちもいた。精根が尽き果てるような状況だった。ヤンキースは一四回表に五点を失い、五対一〇で惨敗した。投手のプレストン・クレイボーンと捕手のジョン・ライアン・マーフィーは、楽天から迎えた新人投手が、底なしの穴に落ちたようなチームを救いだしてくれることを祈った。

田中は早めに球場に現れた。昨夜の試合を見て、ヤンキースが完膚なきまでに叩きのめされたうえに、リリーフ投手をすべて使い果たしたことはわかっている。試合を無事に切り抜けられない場合、かつての楽天の仲間ダレル・ラズナーのように後ろにひかえていてくれる者は、誰もいない。今日は、自分がふんばる以外に道はないのだ。

「限界までやらなければいけないことは、わかっていました」と田中は語った。

ヤンキースの先発投手たちは、必死に持ちこたえているか、あるいは負傷しているか、だった。土曜日のレイズ戦では、田中にすべての望みが託されていた。チームがホームゲームでマリナーズに二連敗を喫したあと、引き続きレイズにも敗れて三連敗という状況で、田中は五月三日の午後一時、ヤンキー・スタジアムのマウンドにもどってきた。メジャー最初のシーズンの成績は、ここまで三勝〇敗。レイズの先発は、背番号23のジェイク・オドリッジである。彼は田中と同じ背の高さで、今季は一勝三敗の成績だ。手ごわい相手だが、ヤンキースのエースは不安を感じていなかった。気力は充実していた。数週間前に感じた肩の痛みは、残っていない。

フロリダ州のセントピーターズバーグを本拠とするタンパベイ・レイズは、かなり若い球団で、アメリカン・リーグの球団拡張路線により、一九九八年に創設された。多くの球団が春季キャンプ地にしているフロリダ州の西海岸地区にもメジャーチームを、という地元の長年の願いが実ったのである。当初の球団名はタンパベイ・デビルレイズだったが、二〇〇七年のシーズン後、オーナーのスチュアート・スターンバーグが、フロリダ湾に多数生息するイトマキエイ（英語ではエイを〝デビルレイ〟という）にちなむ球団名を、タンパベイ・レイズに改めた。この〝レイズ〟は光線（レイ）をあらわし、「タンパ湾とフロリダ州全体を照らす光となるように」との願いをこめたという。チームは二〇〇八年にアメリカン・リーグで初優勝、▼2 さらに二〇一〇年にもリーグ東地区での優勝を果たした。そして、二〇一一年と二〇一三年にはワイルドカードを獲得して、ポストシーズンの戦いに進んだ。レイズが強敵であることは、田中にはわかっていた。

一回表、レイズの先頭打者、内野手のベン・ゾブリストが、センターに大きなフライを飛ばした。アウトになったものの、田中の予想以上の飛距離だった。調整しなければ、と田中は思った。そして、二番デズモンド・ジェニングスには丁寧な投球を心がけたが、どうも思うコースに決まらない。レイズの指命打者は田中の四球目をとらえ、右中間に一二〇メートルを超える本塁打を叩きこんだ。

しまった。

田中は気持ちを切り替えて力を抜き、後続を三振と三塁ゴロに仕留めて、この回を終えた。



▼2　この年、岩村明憲が主に二塁手として152試合に出場、627打数172安打、6本塁打、48打点、打率.274、出塁率.349、チーム最多の91得点の成績でチームを牽引した。

どこか調子がおかしい。ウォームアップでスプリットを二球ほど投げてみたが、なぜかいつもと違う。むしろチェンジアップに近く、こうなってほしいと思うようには変化してくれない。だが、もう後もどりはできない。

二回表、この回先頭の五番一塁手のジェイムズ・ローニーが、四球目のスプリットを左中間に運んだ。数分後、外野手のデイビッド・デヘススが放った痛烈なあたりが、田中のくるぶしをかすめ、センターへ抜けていった。ひどい痛みだったが、なんとかやりすごした。痛がっているひまはない。このヒットで、ローニーは三塁に進んだ。田中は、次打者の二塁手ショーン・ロドリゲスをセカンドフライに打ち取ったが、捕手ライアン・ハニガンには、ふたたびレフトへのヒットを打たれ、ローニーが生還、デヘススは二塁へ進塁した。

打たれている！　球筋を見きわめられているのか、あるいは、配球を読まれているのか？　くるぶしはまだ痛むが、いくらかましになっている。

三回表、田中は二人目のジョイスにセンター前ヒットを許しただけで、ほかの打者はライナーかゴロに仕留めた。だが、まだ球をとらえられているのには、変わりはない。

四回表、田中は葛藤しながらマウンドへ上がった。手から離れていくボールが、なぜか思うような軌道を描いていかない。おかしい。すると、先頭の六番右翼手のウィル・マイヤーズに、初球をいきなりライトスタンドへ運ばれてしまった。四回までに三失点。汗が背中を伝うのが感じられた。ベンチに目をやると、ジラルディ監督が励ますように頷いた。次のデヘススが、威嚇《いかく》するように素振りをしてから打席につき、センター前ヒットを放った。これが、エースをカッとさせた。

田中の闘志に火がついた。その後はボールを低めに集めて、ヒットを許さなかった。そして四回裏、ヤンキース打線は田中を援護し、二点を入れた。

五回以降、レイズは得点できず、田中はさらに三イニングを無失点で抑え、七回まで投げたあと、ジラルディ監督は彼を下げ、ベタンセスと交代させた。ヤンキースは五回以降の四イニングで七点を加えて、最終的に九対三で勝利をおさめた。▼3 田中は勝数を増やし、四勝〇敗となった。自分の役割をどうにか果たし、腕を休めることができる。五日後の五月九日、ミルウォーキー・ブルワーズとの対戦まで出番はない。

田中は、このレイズ戦に手ごたえを感じた。序盤は、全世界の人間に投球を読まれているような錯覚にとらわれたが、後半は完全にコントロールできたからだ。のちにジラルディ監督が評したように、田中はふたたび自分を立て直し、七回を投げきった。そして、味方の援護のおかげで、貴重な白星をあげた。とはいえ、自分のスプリットには不安を感じていた。田中は「いつものようには落ちなくて、チェンジアップみたいな感じでした」と述べた。

七回を投げ終えてロッカールームにもどると、まちがえないように自分専用の椅子に座った。背もたれの高い黒革の椅子で、後ろに19という番号が記されている。聞いたところでは、なんと二〇〇〇ドルほどで売られるらしい。ファンたちはこうした記念品のために大金を投じるようになっていて、この椅子も、彼とチームメイトが次の球場に移動したら、即座に売りに出されるのである。彼はまた、レイズ戦のときの球場の土を二つかみほど、記念品の担当者に渡していた。



▼3　8番ライトで先発出場したイチローは、2本の二塁打を放ち、1打点をあげる活躍を見せた。この時点での打率は.375。

これは、サイン入りの写真とともに額におさめられる。試合会場の土は、野球の記念品市場の重要な品目であり、田中のものも例外ではなかった。自分のサインボールがすでに六〇〇ドルで売られていることも、どこかで読んでいた。

田中の人気は、高まる一方だった。

# 第13章 シーズン初のナ・リーグとの戦い

田中将大は、二〇一二年八月一九日以来、公式戦に先発して負けていなかった。日米で通算すると、無敗記録は四〇試合になる。田中が五月三日に、前の晩にタンパベイ・レイズとの延長戦で敗れた痛手からチームを立ち直らせ、勝利投手になったあと、ブロンクス・ボンバーズは四試合を二勝二敗で終え、五月の成績を三勝四敗とした。そして、五月九日金曜の夜、ふたたびチームの奪三振王がマウンドに立つときが来た。対戦相手は、ミルウォーキー・ブルワーズ。田中にとっては、五月の二試合目であり、ナショナル・リーグのチームとのシーズン初の対戦だった。

ミルウォーキー市には、野球にまつわる興味深い歴史がある。ここはもともと、ナショナル・リーグに所属していたミルウォーキー・ブレーブスの本拠地だった。だが、一〇年以上も地元に愛されたブレーブスは、一九六六年にアトランタへ移ってしまった。ブレーブスのオーナーのひとりだったバド・セリグは、ミルウォーキーには野球チームがあってしかるべきだと考え、アメリカン・リーグのシアトル・パイロッツを招致しようと、さかんに働きかけた。しかし、ワシントン州のパイロッツのオーナーはまったく相手にしなかった。だがそれも、開幕の六日前に破産するまでのことだった。経営陣は、コーチにも選手にも給料を支払えなくなり、この支払いが一〇日以内におこなわれない場合、シアトル・パイロッツの選手は全員、フリー・エージェントとなる。四月一日、パイロッツは破産した。用具類のすべてを乗せた何台ものトラックが、ユタ州のプロボ市にとどまり、最終目的地の指示を待っている状況だった。

結局、セリグがパイロッツを買収した。トラックも選手もコーチもみんな、ミルウォーキーの新たなアメリカン・リーグの野球チームとして、春季キャンプに向かった。セリグはチーム名を、パイロッツからブルワーズに変えた。少年時代に好きだったマイナーリーグのチーム、ミルウォーキー・ブルワーズからとったもので、この名前はミルウォーキーの主要な産業がビール《ブル》醸造であることにちなんでいる。さらにセリグは、ユニフォームの色を、シアトル・パイロッツの青と金色から、濃紺と赤に変えたいと考えた。だが、時間がなかった。そういうわけで、新設ミルウォーキー・ブルワーズは、一九七〇年、パイロッツの色をつけて出場し、今日に至るまでその色を使っている。アメリカでもっとも著名なスポーツライターのひとりであるジム・バウトンは、一九六九年当時パイロッツのピッチャーだったが、『ボール・フォア——大リーグ・衝撃の内幕』（帆足実生訳、恒文社、一九七八年）と題する著書で、この特別なシーズンのことをくわしく述べており、同書は賞も受けている。▼1

ブルワーズの試合のチケットは、さっぱり売れなかった。ミルウォーキーはナショナル・リーグの町であり、ファンは愛するブレーブスを失ったことで、まだ失意のうちにあったからだ。何



▼1　1999年にニューヨーク公共図書館によって「今世紀の本」に、『タイム』誌で「史上最高のノンフィクション100冊」に選ばれている。

年もたったにもかかわらず、ファンの心はいまだにナショナル・リーグにあった。チケットの販売を促進し、シアトル・パイロッツの破産の轍《てつ》を踏まないため、ブルワーズは一九九八年にリーグを変えることになり、以来今日までナショナル・リーグのチームである。

ミラー・パークはミルウォーキー・ブルワーズのホーム球場であり、また、田中にとってナショナル・リーグでの初登場の舞台となった。ミラー・パークは、旧球場ミルウォーキー・カウンティ・スタジアムにかわって、二〇〇一年に開場された。開閉式の屋根がついた現代的な球場で、四万一〇〇〇人以上の観客を収容できる。

ミルウォーキーに夜が訪れ、日本では太陽が昇った。日本の公共放送局NHKは、ブルワーズ対ヤンキース戦をライブ中継することになっていた。何百万もの人々がテレビのチャンネルを合わせていた。彼らの英雄である田中将大が、ふたたび登板するからだ。田中は母国にすばらしい栄誉をもたらし、日本じゅうに大勢のファンがいた。NHKは一九八七年にメジャーリーグの試合放送を開始し、一九八九年からは年間三〇〇以上の試合を放送している。日本人は海を渡った自国の侍たちを愛しており、その不在を寂しがっているので、放送されるのは日本人選手が出場する試合がほとんどだが、すべてがそうというわけではない。しかし、田中将大の試合となると話は別だ。日本人はメジャーリーグの試合で彼が登板するたび、テレビに釘付けになった。

一回表のヤンキースの攻撃は、エルズベリーが三振、ジーターがセカンドゴロ、ベルトランもセカンドゴロと、三者凡退に終わった。その裏、田中はウォームアップに数球を投げてから、ブルワーズ打線の先頭打者ゴメスと対峙した。だが、初球こそストライクを取ったものの、あとは四球続けてのボールで出塁を許す。田中は動じなかったが、次のジェネットのカウントが一―一となったところで、ゴメスが盗塁して二塁へ。ジェネットはブルワーズの二番打者としてのつとめを果たし、犠打でゴメスを三塁へ送った。

田中は気持ちを切らさず、三番ルクロイを内野フライに仕留めると、四番ラミレスを三球三振に切って取り、自分とチームのためにこの回を乗り切った。その後、両チームとも得点もエラーもないまま迎えた三回表、田中が打席に立った。高校時代はいざ知らず、プロに入ってからは、バッティングはそれほど得意なほうではない。日本での通算打率は一割に届かなかった。▼2 結果、空振り三振。アメリカでも日本でも、誰も驚かなかった。それに、この回に三振したのは田中だけではなかった。八番ロバーツも三振、二番ジーターも三振。しかし、田中とジーターのあいだで、エルズベリーがレフト前ヒットを放った。これが、スコアボードの〇行進の終わりを予告する一打となった。しかも、かなり派手な終わり方になった。

ブルワーズの先発は、二〇〇四年にドラフトで指命を受けたメキシコ生まれの背番号49、ヨバニ・ガヤルドである。四回表、ヤンキースは、先頭の三番ベルトランが四球を選んで出塁、次のテシェイラがショートフライに倒れたあと、五番マキャンがセンター前ヒットを放ち、走者一、二塁となった。ここで、前の打席ではセカンドフライに打ち取られたソラルテが、ライトへスリーランホームランを叩きこんだ。ベルトランとマキャンに続いて三塁をまわり、ホームへ向かうソラルテの目に、ダグアウトで満面に笑みを浮かべている田中の姿が見えた。そう、これがチームワークだ。



▼2　楽天に在籍中の2009年に.167（6打数1安打）、10年に.125（8打数1安打）、13年に.167（6打数1安打）の成績を残している。日本時代通算では.081（37打数3安打）、4打点。2014年は.111（9打数1安打）。

ソラルテの大きなスリーランのあと、七番ガードナーが内野安打で出塁すると、すかさず次打者のロバーツがライトへのツーベースを放ち、ガードナーを生還させた。田中はネクスト・バッターズ・サークルで、そばを駆け抜けてダグアウトへもどるガードナーの姿を目で追った。一挙四点の猛攻だ。これでかなり点差が開いたが、次は彼の出番である。二度目の打席に向かって歩く彼の顔から、笑みが消えた。

日本では数百万人が見つめている。

田中は、初球こそバットにあててファウルにしたものの、最後は空振りで三振した。それほど思いきりは振らなかった。それでいいのだ。ジラルディ監督と目があうと、監督がウインクした。そう、問題ない。七回まで持ちさえすればいい。ソラルテの大きな援護のおかげで、これだけリードしているのだ。打席を入れ替わるとき、田中はエルズベリーに笑いかけた。エルズベリーはライナーを打ってアウトになり、これで四回表は終わった。

四回裏、田中は三振をひとつ奪い、ヒットはラミレスに一本許しただけだった。波に乗ってきた。七回まで投げられるのは確実だ。

ブルワーズのブルペンでは、ザック・デュークが投球練習をはじめた。

五回裏、田中はきっちりと抑え、三振をまたひとつ奪い、残りの打者ふたりをセンターフライとセカンドゴロで片づけた。

六回表、田中が休憩しているあいだに、捕手ブライアン・マキャンが三振、ソラルテがゴロに倒れ、ガードナーが四球で歩いた。ブルワーズは、ガヤルドを降板させてデュークを投入し、ロバーツがゴロで打ち取られた。

六回裏、打順が先頭にもどったブルワーズは、一番ゴメスが田中の四球目をとらえ、右中間へツーベースヒットを放った。二番ジャネットも二球目をジャストミートし、今度は左中間を破るタイムリーツーベース。ゴメスがホームを踏んで、ヤンキースは一点を返され、四対一となった。田中は、そろそろ終わりが迫っていることに気づいた。相手に手の内を読まれている。三番ルクロイもセンター前にタイムリーを放ち、ジェネットが生還した。

田中が連打を浴びて窮地に立たされている最中、ひとりのファンがグラウンドに乱入してきて、デレク・ジーターに抱きつこうとした。

ジーターは、相手が怒り狂っているわけではなく、なれなれしいファンにすぎないことを察した。

「出ていけ！」ジーターは、その若者にどなった。「厄介なことになるぞ！」

「頼む！　ハグしてくれよ」

そのとき、警備員が背後に現れ、若者にタックルした。「気をつけろ！」とジーターが叫んだが、すでに遅かった。警備員はファンを押し倒し、グラウンドから引きずり出した。

七回表のヤンキースの攻撃は、三者凡退に終わった。先頭打者の田中は、またも三振に倒れた。ジラルディ監督は、アダム・ウォーレンにブルペンで投球練習をはじめさせた。

田中は、少なくとも七回裏の半分をなんとか乗り切らなければならなかった。先頭の六番デービスを三振に取ったが、次のセグラにヒットを許した。続いてシェーファーにはボールが先行し、三―〇のカウントからフルカウントまで立て直したものの、結局はヒットを放たれ、セグラは三塁へ。九番の投手デューク の代打に送られたライル・オーバーベイが打席に向かって歩きはじめたところで、ジラルディ監督がブルペンに電話し、投手交代が告げられた。田中は祈るような気持ちでアダム・ウォーレンにボールを渡し、マウンドをおりた。そして、処置室で腕を手当てしてもらいながら、最新式の有線テレビをつけてほしいと頼んだ。

「ヤンキースの試合にチャンネルを合わせていますよ」

「別のスクリーンをつけてください」

「同じ試合の?」トレーナーが尋ねた。

「いえ、レンジャーズの試合を」

トレーナーはにやりとして、別のテレビのチャンネルを、アーリントン球場でおこなわれているテキサス・レンジャーズ対ボストン・レッドソックス戦にあわせた。ダルビッシュ有が、ノーヒットのまま九回に入っていた。ダルビッシュは、日本のプロ野球時代からの田中の友人だった。ヤンキースのエースは目を閉じながら、トレーナーに肩と腕をゆだね、アイシングしてもらった。今日の投球は、まあまあだったのかもしれない。最高とはいえないが、途中まではブルワーズ打線をなんとか抑えることができたのだから。

日本では、田中がミルウォーキーの球場から姿を消したとたん、NHKは中継する試合を変えた。数百万人の視聴者の前に、テキサス州アーリントンのレンジャーズ対レッドソックスの試合が映し出された。もうひとりの自国のヒーロー、ダルビッシュ有が投げていた。どうやらダルビッシュは、最後の最後に、デビッド・オルティーズに安打を許したらしい。そのオルティーズの一打で、ダルビッシュのノーヒットノーランは消えた▼3。

田中は肩をすくめた。「ぼくには、ダルビッシュさんのような投球は決してできないと思います」と言った。彼はダルビッシュをおおいに尊敬していたが、自分に対する評価は低かった。だが田中にしろ、じつによくやった。ダルビッシュに引けを取らない、メジャーリーグの立派な投手だった。たしかに二点を許したが、三振を七つ奪い、六回三分の一を投げて、五八奪三振まで記録を伸ばした。勝利投手となり、五勝〇敗でミルウォーキーをあとにした。二〇一二年八月一二日以来、無敗記録を守り続けている。四一回の先発試合で、ずっと負け知らずだ。そのあいだに喫した唯一の黒星は、二〇一三年のシーズン終了後、一九三四年に東京で設立された日本野球界最古の球団、東京読売ジャイアンツと楽天イーグルスで戦った日本シリーズの第六戦だけである。

試合後、各紙に田中を讃える記事が並んだ。田中が一億五五〇〇万ドルというのは買い得だったというもの、また、田中は想像していた以上にすばらしいと、ヤンキースがきっぱり宣言したというもの。だが彼自身は謙虚なままで、称賛にも動じなかった。

ブルワーズの選手たちは、田中は試合が進むにつれてさらに力強い球を投げるようだ、と驚嘆した。

「田中はね、最大の効果をあげるべき時をわきまえてるんだ」とマキャンが語った。

▼3　後日、エラーと判定されていた7回2死からのオルティーズのライト前へ落ちた当たりの記録がヒットに訂正された。したがって、この試合でのダルビッシュの被安打は2。9回2死からのヒットの直後に降板しているが、試合は8-0で勝利投手となった。

第14章

# 初完投・初完封・初安打

ヤンキー・スタジアムの練習はいつもどおり早い時間にはじまり、田中将大はくつろいだ気分で、順調にメニューをこなしていった。誰もが今の自分は好調だと言うが、みんながそう言うのなら、たぶんそうなのだろう。言葉の違いはあっても、田中はこういった冗談をチームメイトと交わすことができた。実際、好調でなかったら、チームメイトがスパイス・ガールズになぞらえる日本のアイドルグループ、ももいろクローバーZの軽快なリズムにのってグラウンドに出ていけるだろうか？　答えは考えるまでもない。とにかく、彼はももクロが大好きなのだ。日本語と英語の違いはあっても、彼はすぐれたユーモア感覚を発揮して、壁を乗り越えることができた。ヤンキースのチームメイトは、田中を「皮肉屋」で「ドライな世界観」の持ち主だと評する。なにはともあれ、自分のユーモアを説明する必要もなければ、チームメイトのジョークを説明してもらう必要もないことが、彼にはうれしい。そんなことは面倒すぎる。

ティファニーのデザインしたロゴが派手に描かれたニューヨーク・ヤンキースの大きなチーム

バスは、二〇一四年五月一四日、大きな音をたててヤンキー・スタジアムから出発した。目指すのは敵の本拠地。文字どおりに解釈すれば、男のものではない地域。

そう、クイーンズである。

彼らは同じ街のライバル、ニューヨーク・メッツとのサブウェイシリーズ[1]の三戦目に向かっていた。今日の試合はナイターだった。五月の第三週の月曜日からはじまった四連戦は、すでに月曜日と火曜日の二試合に敗れている。黒田博樹が先発した月曜日は七対九でソーントンが敗戦投手になり、火曜日はメッツの新たなピッチャーである松坂大輔が二番手で登板して今期初勝利をあげ、七対一二でヌーニョが敗戦投手となった。ここまでヤンキースは四連敗を喫していた。誰もが水曜日のナイターを待ちわびていた。田中が先発するからだ。

田中将大はバスに乗りこむと、特等席のひとつに座ったが、デレク・ジーターが乗ってくると、引退間近のスーパースターに敬意を表して席を変わった。ジーターはためらったが、田中はゆずらなかった。チームのベテラン選手はバスで最高の席に座るべきだというのが、田中の強い信念だった。それはジョークではなかった。

クイーンズにあるニューヨーク・メッツの本拠地シティ・フィールドまでは、バスで約一五キロの道のりである。前年のサブウェイシリーズで、ヤンキースがどのような結果に終わったか、田中は知っていた。四戦すべて負けたのだ。今夜、それを再現するつもりはなかった。投げ合う相手は、ドミニカ共和国出身の右腕で、これがメジャーリーグのデビュー戦となるラファエル・モンテロである。たしかにメッツは、最初の二戦に勝ったかもしれない。だが、それ以上はもう



▼1　ヤンキースとメッツの連戦をさす。両球場が地下鉄でつながっていることから、こう呼ばれるようになった。

勝てない。ジョー・ジラルディ監督は、そう発言していた。

ニューヨーク市クイーンズにあるシティ・フィールドは、二五Aハイウェイからはっきりと見える。一二六ストリートとルーズベルト・アベニューに囲まれ、フラッシング・メドウズとコロナ・パークにまたがっている。この球場は、かつて伝説的なシェイ・スタジアムがあった場所の隣に建てられた。現在、シェイ・スタジアムの跡地は、シティ・フィールドの駐車場になっている。新しい球場は収容人数四万五〇〇〇人で、二〇〇九年三月二九日にオープンした。シティ・フィールドがホーム球場となる以前、一九六四年から二〇〇八年まで、ニューヨーク・メッツは、フットボールチームのニューヨーク・ジェッツとともにシェイ・スタジアムを本拠地としていた（ジェッツは一九八三年まで）。

シティ・フィールドは、施設の快適さ、とくに食べ物に関しては、最高水準を誇っていた。選手たちまで、そこでの食事を楽しみにしていた。また、この球場で試合をすることも好んだ。球場の広さは、左中間の最深部は約一一七メートル、センターはひかえめで約一二四メートル、右中間は約一二一メートルである。シティ・フィールドの、ついでに言えば新しいヤンキー・スタジアムの建設もめぐる騒動は、まるで昼メロのようなもので、物語には、ニューヨーク市のまったく異質なふたりの市長が登場する。前市長ルディ・ジュリアーニは、二〇〇一年に、一六億ドルの費用をかけて新しくふたつの球場を建設し、納税者と市が費用の半分を負担するという暫定《ざんてい》合意をした。このプロジェクトは、官僚たちがやり過ぎだと考えたため、行き詰まりを見せた。ジュリアーニはこの協定に、もし市がこれを守らなかった場合、六〇日前までに通知すればメッツとヤンキースがニューヨークから出ていくことを許すという免責条項を加えた。市にとってはひどい取り決めだった。

ジュリアーニの任期が終わって、ニューヨーク市の人々が、イーグル・スカウト▼2のマイケル・ブルームバーグを市長に選ぶと、彼はその免責条項を実行に移した。新球場の件は市にとって不利な契約だと考え、チーム自身に建設費を支払わせたいと望んだのである。結局、シティ・フィールドの総工費は六億一〇〇〇万ドルとなり、メッツはそのうちの四億二〇〇〇万ドルを負担した。そこには四〇年間の賃貸契約も含まれており、メッツが二〇四九年までニューヨークにとどまることが保証された。ニューヨーク市は、野球チームを引き止めるために必死だった。ドジャースやジャイアンツを西海岸に移らせてしまったように、ふたたびチームを手放すつもりはなかった。

メッツとのサブウェイシリーズの第三戦、先攻はヤンキースである。一回表、先頭のガードナーがヒットで出塁したものの、後続の三人は凡退に終わった。一回裏、田中がマウンドに上がった。まず、先頭の左翼手エリック・ヤング・ジュニアを、ゴロに打ち取った。二番は内野手ダニエル・マーフィー。このところのマーフィーは絶好調なので、メッツとしてはそれを生かしたかった。

前の晩のヤンキース戦で、マーフィーはスリーランを放ち、一二対七でのメッツの勝利に貢献した。案の定、マーフィーは田中の四球目をとらえ、レフト前ヒットを放った。続く三塁手のデビッド・ライトがライトに大きなフライを打ち上げ、マーフィーは二塁へ。試合開始から数分の



▼2　ボーイスカウトの最高位。

うちに、メッツが得点圏に走者を進めた。

しかし、田中は集中力を失わず、四番右翼手のグランダーソンをライトライナーに打ち取った。ヤンキースのエースは自力で窮地を脱し、メッツは二塁に残塁に終わった。二回表、ヤンキース打線は、田中への感謝を形であらわした。三人目のソラルテが四球を選んで出塁すると、続くロバーツがレフト後方への三塁打を見舞い、ソラルテが先制のホームを踏んだ。田中は帽子を軽く持ち上げた。ヤンキースは一対〇とし、田中がライトフライに倒れて、この回は終わった。

田中は、最後まで投げ続けられそうな気がしていた。ジラルディ監督も同感だった。腕の調子も、一時よりいい感じになっている。田中の心は燃えていた。チームは四連敗の深みにはまってしまったが、今、彼はチームをそこから救い出すチャンスを握っているのだ。

二回裏、田中はさらに調子を上げ、内野フライと二者連続三振の三者凡退でメッツ打線を片づけた。三回表のヤンキースの攻撃は、ジーターが三振に倒れたあと、四球で出塁したエルズベリーが盗塁で二塁へ進んだが、残塁に終わった。田中が三回裏をふたたび三者凡退に仕留めると、四回表、ヤンキース打線が火を噴いた。先頭の五番マキャンがライトフライ、次のソリアーノが内野ゴロに倒れたあと、三人目のソラルテが、ライトスタンドへ二試合連続のホームランを放ち、スコアを二対〇とした。続くロバーツも三塁打を放ったが、田中がセカンドゴロに打ち取られ、それ以上の追加点には至らなかった。しかし、四回裏のマウンドにもどった田中は、打線の援護にこたえて、打者三人を一一球で片づけた。

六回表のヤンキースは、四番テシェイラが、右中間に今シーズン八本目のホームランを叩きこみ、点差を三対〇に広げた。六回裏、田中は、二死から三人目のエリック・ヤングに二塁打を許したが、次のマーフィーをファーストゴロに仕留めて、無得点に抑えた。試合は七回に入り、メッツの投手は、モンテロからカルロス・トーレスに交代した。田中はこの回も打席に入り、空振り三振に終わったが、それはジラルディ監督が、田中に完封の可能性を残したということだった。打順が先頭にもどり、一番ガードナーは内野安打で出塁、そこから、盗塁などで三塁まで進んだところで、打席のジーターが当たりそこないのゴロを打ったが、打球の勢いがなかったのが幸いして一塁を駆け抜け、ガードナーも生還した。ヤンキース、四対〇である。

七回裏、マウンドに上がった田中は気迫のこもった投球を続け、メッツ打線を三者連続三振に切って取り、追加点を許さずにヤンキースの攻撃へつなげた。

九回表、田中はセンター前にメジャー初のヒットを放ち、活躍にさらなる華を添えた。九回裏、田中は先頭にヒットを許したが後続を断ち、メジャー初の完封勝利をおさめた。またそれは、初の完投勝利でもあった。四安打無失点、八奪三振、四死球〇の堂々たる内容だった。二〇一三年に日本で打ち立てた二四勝〇敗に、二〇一二年八月からシーズン終了までの四勝と、メジャーリーグでの無敗記録を合わせると、これで三四勝〇敗となる。変化に富んだ田中の投球が、メッツ打線をのみこんだ。

「ある意味で」と、メッツのゼネラルマネージャー、サンディ・アルダーソンは語った。「これはダビデとゴリアテの対決だ。ひとりは決して負けず、もうひとりには投げる機会すら訪れない」▼3。彼は、ラファエル・モンテロの残念なメジャーデビュー戦について述べていた。田中は一



▼3　ダビデとゴリアテの戦いは、旧約聖書の逸話のひとつ。ダビデが投じた石がゴリアテを倒し、巨人ゴリアテは戦う前に命を落とした。モンテロがデビュー戦で、6回5安打3失点と好投したにもかかわらず、メッツ打線が田中に完封されて敗戦投手になったことをさしている。

一四球で九回を投げとおした。

ヤンキースのジョー・ジラルディ監督はもちろんわかっており、田中自身もまもなく知ることになるのだが、この新人スターは、殿堂入りしたホワイティー・フォード[4]が一九五〇年にデビューからの九連勝を達成して以来、ヤンキースの新人投手として初めて、デビューからの六連勝を達成したのである。じつにすばらしい力投だった。

「なにが来るかはわかるのに、打てなかった」と、メッツの二塁手ダニエル・マーフィーは述べた。田中からヒットを打った数少ない選手のひとりだ。「彼はすべての球をどこへでも意のままに投げるんだ。スプリットはすごい武器だね」

「とにかく」田中は笑顔で語った。「今日は自分にとって、最高の日だったと思います」



▼4　フォードは1967年に引退するまでの16シーズン（51年と52年は登板なし）をヤンキースひと筋にすごした。通算成績は、236勝106敗10セーブ、防御率2.75、投球回数3170回3分の1、奪三振数1956。ワールドシリーズ通算10勝は歴代最多。

# 第15章 連勝ストップ

ヤンキースが、シカゴ・カブスとのナイトゲームのために訪れた五月二〇日の火曜日、シカゴは季節外れの暑さに見舞われていた。日中の最高気温は三一度で、夜になっても、リグリー・フィールドの気温は二九度近くもある。普通なら、これより一〇度ほど低いのだ。平日だというのに、日没前には多くの市民が涼を求めて、ミシガン湖で泳いでいた。ジラルディ監督は、暑さに慣れている日本人の田中が、このうんざりするような湿気のなかでもうまくやってくれるように、と願った。

前回ヤンキースがカブスと対戦したのは四月一六日のダブルヘッダーの第一戦で、そのときはヤンキースが二連勝している。デーゲームに登板した田中は八回を投げてカブスを無失点に抑え、二勝目をあげた（スコアは三対〇）。

スピーカーから球場内に名前が大きく告げられると、デレク・ジーターがグラウンドに姿を見せた。試合がはじまるのは、この栄えあるセレモニーが終わってからである。カブスの遊撃手のスターリン・デヘスス・カストロが、ジーターの背番号「2」が書かれた大きなボードを手に、本塁で待っている。カストロが胸に掲げているのは、リグリー・フィールドのスコアボードに表示する点数板だった。ジーターがゆっくりと本塁に歩みより、カストロが緑の地に白い数字をくっきりと描いたボードを渡すまでのあいだ、およそ三万九〇〇〇人の大観衆は総立ちで喝采を送った。メジャーリーグで二番目の古さを誇るこの球場▼1に彼を迎える最後の機会に、カブスは、一九三七年に設置して以来、ずっと手動で掲示し続けているスコアボードから彼の背番号の数字を贈ることで、ジーターに心からの敬意を表したのである。

　カストロからボードを受け取り、握手をかわすと、ジーターは帽子を脱いで観客にこたえた。ほぼ満員のスタンドから大歓声が湧き起こった。ジーターを愛するシカゴの人々は、今季かぎりで引退する彼のこれからの人生に幸あれ、と願っていた。とはいえ、今夜は彼らの〝小熊《カブス》たち〟のほうが大切である。たとえジーターであっても、倒さなければならない。

　数分後、ヤンキースの選手が紹介され、右翼手としてアルフォンソ・ソリアーノの名前がコールされたとき、ふたたび観客は元カブスの選手に熱烈な拍手を送った。二〇一三年にトレードでヤンキースに移ったあと、ソリアーノが古巣のカブスと対戦するのは今夜が初めてとなる▼2。シカゴ市民は、まず昔の仲間をあたたかく迎えてから、ヤンキースを手玉に取れ、とカブスに大声援を送るつもりでいた。

　今シーズンのカブスは、一五勝二七敗とナショナル・リーグ最下位の成績だった。一方、田中は暑さに慣れており、新人投手で六勝〇敗と、アメリカン・リーグでは何年もなかったような好



▼1　リグリー・フィールドの開場は1914年。メジャーリーグでもっとも古い球場は、ボストン・レッドソックスが本拠地とするフェンウェイ・パークで、1912年に開場した。

成績で連勝街道をひた走っている。チームも過去五試合で四勝しており、打線の調子もいい。ヤンキースの日本人エースピッチャーがもう一勝を稼ぐお膳立ては、すべてそろっていた。

だが、なぜか歯車が狂いはじめた。

それに最初に気づいたのは、ジラルディ監督だった。田中のスプリットが高めに浮きすぎている。いつもより直球の速度も遅い。カブスのスターリン・カストロにも、それがわかった。四月に対戦したときとは、あきらかに異なっていた。

カブスは、今季入団したばかりの三一歳の右腕ジェイソン・ハメルを、先発としてマウンドに送った。試合はヤンキースの先攻である。試合開始の前後から、湿度が急激に高まりはじめた。稲妻が闇を裂いて蜘蛛《くも》の巣のように走り、夜空を不気味に輝かせている。天候は、しだいに不穏な様相を呈してきた。一回の表、先頭打者のブレット・ガードナーがピッチャー返しのヒットを放つと、ジーターが三塁線への送りバントを決め、ガードナーを二塁へ進めた。ハメルはジャコビー・エルズベリーをフライに仕留めたが、マーク・テシェイラにはデッドボール。いきなり二塁と一塁にランナーを背負ったハメルは、落ち着きを失い、ワイルドピッチでガードナーを三塁に進めてしまった。しかし、マキャンがフライに倒れ、ヤンキースは二者残塁で一回の表を終えた。

その裏の田中の立ち上がりは、好調だった。文句なしの出来である。エミリオ・ボニファシオをゴロに打ち取ると、続く打者二人を三振に切った。ところが、二回表のヤンキースの攻撃も、同様の展開になった。フライのあとに二者三振。こちらも三者凡退である。二回裏、田中はルイ



▼2　ソリアーノは1999～2003年までヤンキースに在籍していたので、復帰ともいえる。カブスに所属していたのは2007～13年。ドミニカ共和国に広島東洋カープが所有する野球スクールの出身で、プロ初年度の1997年はカープでプレーした。2014年に引退。メジャー16年通算で2095安打、412本塁打、1159打点、打率.319。

ス・バルブエナに二塁打を許した。ほかの打者は抑えたが、カブス打線は田中の投球をバットにあてはじめた。三回の表は、田中が打席に立ったが、空振り三振。ガードナーがフライで退いたあと、ジーターがライト前にヒットを飛ばした。集中力が切れたハメルは、ジーターに二塁への盗塁を許した。だが、エルズベリーが三振に倒れ、ジーターがホームに帰る望みは絶たれてしまった。

三回の裏、先頭の八番ジョン・ベイカーが、いきなり田中の初球をとらえ、ライト後方へのヒットを放った。投手のハメルがきっちりと送りバントを成功させ、ベイカーを得点圏に進塁させた。しかもベイカーは、田中がワイルドピッチをした隙をつき、悠々と三塁に到達した。ワイルドピッチの瞬間、田中は自分の気持ちが乱れていることを感じた。暴投をしてしまうのは、たいていプレッシャーにさらされているときである。今日はいつものようにスプリットが落ちきらず、楽に強く打てるヒッティングゾーンに入ってしまっている。よくない徴候だ、と田中は心につぶやいた。だが、今は自信を失うときではない。マキャンが、ホームベースの後ろからサインを送ってきた。〝落ち着け〟。わかった、と田中は捕手に頷いた。そして一呼吸おいてから、ふたたびスプリットを投じた。しかし、今度も球は高めに浮き、待っていたボニファシオに、痛烈なセンター前ヒットを打たれた。ベイカーがホームをつく。カブスの先制である。そのあとは、ジュニア・レイクをゴロで仕留めたものの、アンソニー・リゾーを歩かせてしまった。いやな予感がした。五月に入ってからは、ほとんど四球を出していなかったのに。▼3 マウンド上は、耐えがたいほど蒸し暑くなってきた。湖の上空で吹き荒れていた嵐が、こちらへやってきていた。強風で波立



▼3　この試合までの田中の与四球数は、4月は5試合で6つ、5月は3試合で1つのみ。

つ水面に滝のような雨を降らせていた雲が、とうとう岸辺に到達した。生暖かい雨が球場に降りそそぐ。田中は、湿った大気が身体の芯《しん》まで染みこんでいくのを感じた。この息苦しいほどの湿気、そう、この高い湿度は、たしかに母国を思いおこさせる。おそらく田中の頭には、このイニングに投じたふたつの失投以外のことが、よぎったにちがいない。次の打者のスターリン・カストロはゴロに倒れ、三回の裏は終わった。

ようやくベンチに下がったものの、四回表のヤンキースの攻撃は、あえなく三者凡退で終了し、田中は休むひまもなくマウンドへもどった。落ち着け、落ち着くんだ、と田中は自分に言いきかせた。しかし、先頭の強打者バルブエナに、二球目のゆるいカーブをレフトに流し打たれ、余裕を持って二塁に到達された。次の右投げ左打ちの右翼手、ネイト・〝ザ・グレイト〟・シーアホルツは二塁ゴロに仕留めたが、バルブエナは三塁に進んだ。ここで打席に立った三塁手マイク・オルトが、レフト戦を破るタイムリーヒット。バルブエナが本塁を踏み、二対〇と点差が広がった。さらに、捕手のベイカーにもセンターを破る二塁打を見舞われ、オルトが三塁に進塁した。

ジラルディ監督は、グラウンドとダグアウトを隔てるフェンスに寄りかかりながら、マウンド上のエースの様子をじっと見つめた。田中の場合、この種のピンチは、これまではたいてい序盤に起きていたのだ。次の打者、ハメルのスクイズはなんとか処理し、オルトを本塁で刺した。ここでボニファシオがゆっくりと進み出てきて、二度、三度と素振りをした。すると、マキャンが田中にサインを送ってよこした。三塁ベースコーチも、である。田中は頷いた。投げたのはシンカー。ボニファシオはセーフティースクイズを試み、一塁にいたハメルが二塁に、三塁にいたべイカーが本塁に猛然と突っこんできたが、バッテリー間の好連携で得点をはばんだ。どうにか一失点で抑えたとはいえ、大量点を取られても不思議ではない展開だった。

試合は五回に突入した。カブスのハメルは、すばらしい自制心を発揮し、ヤンキース打線をふたたび三人で退けた。一方の田中は、ベンチに下がっているあいだ、ジラルディ監督と短い会話を交わした。そしてマウンドにもどった五回裏、カブスの打者三人を空振り三振に切って取った。通算の奪三振数は三つ増え、七二となった。六回表、二塁打を放ったガードナーが、テシェイラのヒットで生還して一点を返し、ヤンキースはスコアを二対一とした。六回裏の登板に向けて、田中は自信が蘇《よみがえ》ってくるのを感じた。

だが、次は魔の回となった。

先頭のバルブエナがヒット。続くシーアホルツもヒット。オルトの犠牲フライで、バルブエナが生還。一塁手のテシェイラの送球エラーがからみ、シーアホルツは三塁に進む。ここでベイカーが、センターへふたたび犠牲フライを放ち、シーアホルツも生還。次の打者はなんとか空振り三振に仕留めたが、あっというまに、カブスは二点を稼いだ。短く、そして重いイニングが終わった。

ジラルディ監督は、ここで田中を降板させ、五回からウォーミングアップを開始していたクレイボーンをマウンドに送ることに決めた。今夜の自分の仕事が終わったことは、田中にもわかっていた。ダグアウトに引きあげてくる途中、雨粒が顔をたたいた。いつかはやってくる時が、今夜訪れたのだ、と田中は思った。永遠に勝ち続けることなど、できるはずはないのだから。

交代したクレイボーンもぴりっとせず、七回裏にダメ押しの二点を失った。カブスは、六対一でヤンキースをくだした。カブスが打ったヒット一一本のうち、八本は田中からのものだった。田中のメジャー自己ワーストにならぶ本数である。試合の勝利投手は、ハメルとなった。新たに七つの三振を奪ったとはいえ、四三回目の先発登板で喫した敗北の苦い味を、田中は嚙みしめた。敗戦投手になるのは、二〇一二年八月一九日の西武ライオンズ戦以来だった。

フロイド・メイウェザーは、ボクシング界で五階級を制覇し、一九九六年のデビュー以来四七連勝中という無敗の王者である。▼4 試合後、カブスのジョン・ベイカーとジェイソン・ハメルは、チームが田中の連勝記録をストップさせたことについて、こんな冗談を飛ばした。「おれたち、今夜は野球界のメイウェザーを倒したのさ」

田中は、暑くて湿度の高いこの日の試合で、自分の投球が乱れたことを認めた。だが、この黒星によって、自身の連勝記録がとぎれたことを悔やんだのではない。田中が述べたのは、自分の投げる球が悪すぎ、もっといい形で試合を作らねばならなかったという反省の弁だった。カブスのなかには、だんだん田中の投球に慣れてきたと語る選手もいたが、ヤンキース側は頑としてそれを認めなかった。連勝記録は絶たれたものの、田中はそれを誇りにしていた。「ぼくが連勝できたのは、チームの援護のおかげだと思っています」と田中は述べた。「ただ、ぼくが連勝記録を伸ばすのを大勢のファンが期待していたでしょうから、それを考えると申しわけない気がします。次の試合から、また勝てるようにがんばって、ふたたび勝利を重ねていきたいと思います」

この潔い、侍らしい態度こそ、プロ野球選手の第一歩を踏み出した楽天のデビュー戦で手きびし



▼4　アメリカのプロボクサー。メイウェザーが制覇したのは、スーパーフェザー級、ライト級、スーパーライト級、ウェルター級、スーパーウェルター級。現在、WBA世界ウェルター級と世界スーパーウェルター級のスーパー王者。

い洗礼を受けて以来、長い年月をかけて田中が身につけてきたものだった。この若者なら、苦い敗北を乗り越えていくだろう。

結局、ヤンキースファンは長く待たずにすむことになる。ヤンキースは、このままおめおめと帰るわけにはいかなかった。翌日は、一三回の延長試合の末、四対二でカブスを撃破した。▼5 そして、その四日後、田中将大がふたたび先発でマウンドに上がったとき、彼は自分の約束を守った。今度の対戦相手は、やはり〝ウィンディ・シティ〟と呼ばれるシカゴを本拠地とするチーム、シカゴ・ホワイトソックスである。メジャーリーグを起点とする新たな連勝記録の幕が、開こうとしていた。



▼5　9回表、2-2の同点に追いつくショートゴロを打ったのはイチロー。この試合、イチローは7番ライトで先発出場し、5打数2安打1打点1盗塁。11回途中に交代した。この時点での打率は.359。

# 第3部

# 栄光と挫折

# 第16章 メジャーリーグに現れた「新たなゴジラ」

四二回の先発登板で、三四勝〇敗。とにかく、これはすごい。なかには、田中に対する評価はアメリカでの成績に限定するべきであって、日本での記録を勘定に入れるのはおかしいと主張する人々もいたが、この記録はあまりにも強烈で、無視するのは不可能だ。一方、ついにマー君の連勝記録を破ったシカゴ・カブスは、日本で一躍有名なチームになったにちがいない、という意見もあった。いずれにせよ、敗北は敗北である。田中はそれに対処しなければならなかった。翌日、ヤンキースはカブスとの二戦目をおこない、一三回の延長戦を制して、四対二で勝利した。

田中がカブスに黒星を喫した五月二〇日には、封切られたばかりの新作SF怪獣映画『GODZILLA ゴジラ』が、すでにアメリカ中で大評判になっていた。スクリーン上で荒れくるうゴジラさながら、敗北は田中を翻弄した。そう、あの夜の土砂降りの雨のように。雨はリグリー・フィールドに降りそそいだ。マウンドは沼のようにぬかるみ、田中は踏ん張りがきかず、何度も足を滑らせた。ジラルディ監督はグラウンドの状態を嘆いたが、田中の考えでは、それも仕事のうちだった。敗北によって連勝記録が絶たれ、しばらくは失望感もあったが、田中は気持ちを切り替えた。感傷に浸っているひまはない。投げなければならないシーズンは、まだ残っている。カブスは、今シーズン初めてヤンキースが二カード対戦したチームであり、田中はそのどちらにも登板した。誰もが同じ疑問を抱いた。カブスは田中の投球を一度経験して、それに慣れたのだろうか？　球筋を見きわめられるようになったのか？　対戦相手に手の内を読まれ、スプリットが通用しなくなること——それは田中自身の最大の懸念でもあった。

とはいえ、カブス戦は、すべてにおいて悪い試合だったわけではない。ジーターはヒット二本を打ち、通算安打記録を三三五五本に伸ばした。幼い頃のジーターは父親の運転する車に乗り、自分たちの住むミシガン州のカラマズーからイリノイ州のシカゴまで、カブスの試合を観戦しに、よくリグリー・フィールドへ連れていってもらったものだった。野球の才能を開花させて注目を集め、一九九二年のドラフトでヤンキースから一巡目の全米六位で指名されて以来、長い年月が流れたが、この由緒ある球場で彼が試合をするのも、今回が最後となった。

そして、田中はメジャー初の敗北を喫した。

大ニュースだった。

それでもファンの心は離れず、彼の触れた物すべてに価値が生じるらしかった。なんとカブスは、田中がロッカールームで座った椅子までオークションにかけた。

負けたとはいえ、野球とは修正していくスポーツである。ところが次回のマウンドに立ったとき、田中は修正どころか、すっかり安定感を取りもどしていた。試合があったのは日曜日。一週間のうちで、田中がもっとも好きな曜日である。少なくとも、シカゴのUSセルラー・フィールドでホワイトソックスと対戦した五月二五日は、最高の日曜日だったろう。カブスの本拠地リグリー・フィールドがダウンタウンの北に位置するのに対し、セルラー・フィールドは南にある。空はすっきりと晴れわたり、この日の最高気温は三一度、試合開始時は二六度だった。マウンドは乾燥し、一週間前のリグリー・フィールドのような泥の海ではなかった。

ホワイトソックスの先発は、ブラジルのサンパウロ出身の右腕で、田中と同じ二五歳のアンドレ・リエンゾである。二〇〇六年にアマチュア・フリーエージェントでホワイトソックスと契約したが、メジャーにデビューしたのは遅く、二〇一三年になってからだ。同年三月におこなわれた第三回ワールド・ベースボール・クラシックに、ブラジル代表として参加している。今シーズンのこれまでの成績は四勝〇敗、防御率は四・〇〇。この日の試合は、ホワイトソックスとの四連戦の最終日にあたり、ヤンキースは前半に二連敗したあと、昨日は救援のデリン・ベタンセスが勝利投手になった。チームをふたたび失速させない責任が、田中の肩にかかっていた。

ヤンキースの攻撃ではじまった一回表、二番のジーターがヒットを放つと、リエンゾは次打者のエルズベリーを歩かせた。しかし、続くテシェイラとマキャンを空振り三振に仕留め、ピンチを切り抜けた。一回裏にマウンドに立った田中は、アダム・イートンを二塁ゴロ、ゴードン・ベッカムをセンターフライ、コナー・ガレスピーを内野フライに打ち取った。

二回表のヤンキースの攻撃がはじまると、一気に試合が動き、リエンゾは窮地を脱しようと必死になった。ヤンキースは、指名打者で出場したイチローのセンター前ヒットなどを足がかりに、ガードナー、ジーターも快音を響かせ、これら三安打とエルズベリーのセンターへの犠牲フライで、一挙四点の猛攻を見せた。最終的にジーターが二塁でアウトになったが、ヤンキースはすでに大量得点をあげていた。味方の援護をもらった田中は、ダヤン・ビシエドを空振り三振、アダム・ダンをフライ、アレクセイ・ラミレスをゴロと、二回裏を三者凡退で終えた。

三回表のリエンゾは、ソリアーノに二塁打を打たれたが、ここは無失点で抑えた。一方、田中は先頭のポール・コナーコに死球を与えたものの、続くデアザをライトライナー、タイラー・フラワーズを見逃し三振、イートンをレフトフライに仕留めた。

四回表は、ふたたびジーターが爆発し、センター後方を破る三塁打。動揺したリエンゾはワイルドピッチをし、ジーターが本塁を踏んだ。五対〇である。四回裏、田中はベッカムを三振に切ったあと、ガレスピーにレフト前へ初めての安打を許す。しかし、続くビシエドをキャッチャーフライ、ダンをゴロに抑え、走者を得点圏に進ませなかった。

五回、リエンゾは落ち着きを取りもどして、テシェイラとマキャンを三振、ヤンヘルビス・ソラルテを二塁ゴロと、この日初めてヤンキース打線を三者凡退に終わらせた。田中は、先頭のラミレスに内野安打で出塁されるが、コナーコにうまくゴロを打たせてダブルプレーを取り、最後はデアザを空振り三振に切って取った。

ホワイトソックスのブルペンでウォーミングアップしていたジャビー・グエラが、六回の表からマウンドに上がった。先頭のソリアーノが、交代早々の二球目をとらえて、センターの横を破る二塁打を放った。ロバーツが死球で出塁し、ガードナーが見逃し三振をしたあと、ジーターがこの試合三本目となるヒットを飛ばし、ソリアーノを本塁に迎え入れた。六対〇と点差が広がった。

六回裏の田中には、やや疲れが見えた。フラワーズに二塁打を許すと、二死からガレスピーにタイムリーヒットを打たれ、一点を失った。しかもワイルドピッチで、ガレスピーを二塁に進ませてしまう。エースピッチャーは気持ちを鎮《しず》めて、ビシエドを空振り三振で退け、次の回につなげた。しかし、田中の完封勝利の可能性は消えた。

試合は後半に入った。グエラはマキャンに死球を与えたが、打者ふたりを三振に仕留めた。田中は七回の裏にも登場したが、先頭のダンを歩かせると、ラミレスに直球をセンター前へ運ばれた。続くコナーコをまたもダブルプレーに取ったが、次のデアザにはふたたび四球。この回、ふたつめである。ここでジラルディ監督がブルペンに指示を出し、右腕のアダム・ウォーレンをリリーフに送った。田中の仕事は終わった。しかし七回まで、チームのリードをしっかりと守り切る役目を果たした。投球数は、五月一四日のメッツ戦の一一四球を上まわる一一八球で、シーズン最多となった。この日の田中は、自分の思いどおりの投球ができていた。「ボールを低めに集めようと意識しました」と田中は述べた。「フォームの微調整がうまくいったと思います」

ベンチに下がった田中がアイシングをしに行っているあいだ、八回表にヤンキースのブライアン・ロバーツがホームランを放ち、一点を追加したほか、田中と交代したウォーレンは八回裏にベッカムにライト前ヒットを打たれ、九回裏に登板したデイリーはダンに二塁打を許したが、ともに相手に得点を与えなかった。ヤンキースは、七対一でホワイトソックスをくだした。勝利投手は田中である。この試合では六つの三振を奪い、奪三振数を七九に伸ばした。そして、新たな連勝記録に向けてのスタートが切られた。

試合後にジラルディ監督は、「田中の登板のときは、いつも安心して見ていられる」とコメントした。「自分のやるべきことをわきまえているからね。今日のピッチングもすばらしかったし、見てのとおり、ピンチもダブルプレーで切り抜けた。リードを守って相手を寄せつけず、いい仕事をしたよ」

翌日、ヤンキースはカーディナルスとの三連戦のために、セントルイスへ飛んだ。田中将大の写真が『ＥＳＰＮマガジン』の表紙を飾り、特集記事が組まれた。田中は日本でロックスターのような人気を誇っているが、いまやアメリカでもそうなりつつあった。次回の登板は、中五日の休みをはさんだ五月三一日。ミネソタ・ツインズとの、オープン戦以来の顔合わせとなる。

田中がホワイトソックスをくだした翌日の五月二六日、メディアは、カブスに喫した初黒星を見事に跳ね返した田中を讃えた。

インターネット上には、田中将大を〝メジャーリーグ界の新たなゴジラ〟と呼ぶ文字が躍った。

# 第17章 エースの資格

「球がいきなり消えるんだ！」と、ミネソタ・ツインズ監督のロン・ガーデンハイアーは言った。「あんなスプリットがあるとは、信じられない。田中の最大の武器だよ」。ガーデンハイアー監督は、バッティングゾーンに到達した瞬間に田中のスプリットが視界から消え、打者をどれほど翻弄するか、何度対戦してもどれほど見きわめられないかについて、興奮してまくしたてた。

五月の最終日、ツインズはもう一度ヤンキースを叩こうと、手ぐすねを引いていた。前日の初戦はヤンキースを手玉に取り、六対一で葬り去った。先発したのは、カリフォルニア州コロナ出身のリッキー・ノラスコ。一八八センチの長身から繰り出す球が持ち味の右腕で、ツインズが二〇一三年にロサンゼルス・ドジャースから獲得した選手である。対するヤンキースは、左腕のビダル・ヌーニョをマウンドへ送った。大差の勝利に勢いを得たツインズは、五月三一日の第二戦、右腕のケヴィン・コレイアを田中という〝ゴジラ〟退治に向かわせ、メジャーリーグを震撼させている恐怖の投球ショーを終わらせるつもりだった。素人目には、ツインズの投手選択は失敗に思えた。というのも、ここまでのコレイアの成績は防御率六・三四と、まったくふるわなかったからである。しかしコレイア本人は、今シーズンのアメリカン・リーグでトップの成績をおさめている投手との投げ合いを、楽しみにしていた。ヤンキースの新人に立ち向かう気力は、じゅうぶんだった。

試合はツインズの先攻ではじまった。先頭の右投げ右打ちの二塁手、ブライアン・ドージャーは初球を引っかけて、平凡な三塁ゴロを打ったが、三塁手ケリー・ジョンソンの処理がまずく、アウトにならずにすんだ。ドージャーは、田中が次の打者にワイルドピッチをした隙をついて二塁へ、続くエドゥアルド・エスコバルのゴロで三塁へ進む。ジョー・マウアーは三振に倒れたが、四番打者のジョシュ・ウィリンガムがライトへヒットを放ち、ドージャーは生還。田中はたった一本のヒットで一点を失ったが、試合はまだ初回である。

その裏、ヤンキースがツインズに襲いかかった。ガードナーがレフトにヒットを放てば、続くジーターもレフト後方へヒットを見舞い、ヤンキースは一気に二塁と三塁を陥《おとしい》れた。しかし、四番テシェイラが空振り三振、五番マキャンのゴロがダブルプレーとなり、同点と逆点の走者は本塁に帰れなかった。

二回の表、田中はトレバー・プルーフにヒットを許したものの、続く三人を凡退させた。ヤンキースは同点に追いつこうと、ソラルテが右へ、ジョンソンが左へヒットを放ったが、ライアンのゴロで今回もダブルプレーを取られ、得点のチャンスを生かせずに終わった。

ツインズは打者が一巡した。ふたたび先頭打者となったドージャーが、田中の三球目をライト後方に飛ばすと、今度はライトのソリアーノがエラーを犯し、またもドージャーは出塁した。エスコバルのヒットでドージャーが二塁に進み、ここで田中がワイルドピッチ。田中は、走者を二塁と三塁に背負うことになった。ヤンキースは全員が浮き足立ちそうになったが、それは田中とて同じである。田中は波立つ心を鎮めた。そして、マウアーを空振り三振に、ウィリンガムを二塁ライナーに、オズワルド・アルシアを見逃し三振に仕留め、なんとか窮地を脱した。

三回裏の攻撃では、ジーターが二本目のヒットを放ったが、続くエルズベリーとテシェイラが、それぞれフライとゴロに倒れ、この回も残塁に終わった。

四回表、田中は四球をひとつ与えただけで、ほかの打者三人を全員ゴロに打ち取った。

その裏のヤンキースの攻撃で、試合が動いた。この日のコレイアは低めを丁寧についており、マキャンを二塁ゴロに、ソリアーノを三塁ゴロに退けた。しかし、この回の三人目に打席に立ったソラルテは、甘く入ったスライダーを見逃さずに振り抜き、一二〇メートルを超える飛球をライトスタンドに叩きこんだ。それでもコレイアは落ち着きを失わず、次のジョンソンに一塁ゴロを打たせて、四回裏を終わらせた。

同点の援護をもらった田中は、ふたたび打席に迎えたドージャーを、今度はライトフライに仕留めた。エスコバルには初球をライトに運ばれたが、マウアーをダブルプレーに打ち取り、あっさりと五回の表を終えた。ほとんど休むひまもなくマウンドにもどったコレイアは、依然としてコントロールがよく、ライアンは一塁のファウルフライ。続くガードナーはヒットで出塁したが、ジーターとエルズベリーが凡退したため、ヤンキースは逆転のホームを踏めなかった。

六回の表から、空模様がおかしくなってきた。田中は先頭のウィリンガムを歩かせたものの、ふたたびダブルプレーと凡フライで、簡単に三アウトを取った。その裏のヤンキースの攻撃では、マキャンがライトを破る二塁打を放った。ソラルテもうまくライトへあわせ、マキャンが三塁に進んだところ、二塁をねらったソラルテが惜しくもアウト。またもヤンキースの逆転はかなわず、走者残塁でイニングを終えた。

後半の七回まで、田中もコレイアも、三者凡退がなかった。七回表、ヤンキースは守備を交代させ、一塁手テシェイラの代打ロバーツが二塁に入り、二塁のソラルテが三塁、三塁のジョンソンが一塁に移った。田中は、パーメリーを一塁ゴロで退けると、ジョスミル・ピントとアーロン・ヒックスを三振に切って取った。

七回裏、コレイアはマウンドに上がらなかった。ツインズのガーデンハイアー監督はブルペンに行き、一勝一敗の左腕ブライアン・ダンシングをリリーフに指名した。ダンシングはきっちりと役目を果たし、ジョンソンとガードナーを空振り三振に、ライアンをライトフライに仕留めた。

とうとう雨が降りはじめ、八回の表、田中がツインズ打線をふたたび三者凡退で片づけると、ヤンキースの攻撃の途中で、三四分間の中断があった。

この回、ヤンキース打線がダンシングをつかまえた。まず、二人目のエルズベリーがセンターへのヒットを放った。その後、すかさず二塁への盗塁を試みたところ、捕手のピントが悪送球。エルズベリーは、あっというまに三塁まで進んだ。ダンシングは結局、打席のロバーツを歩かせてしまった。ヤンキースは、一塁と三塁に走者をおくという絶好の展開になった。ここで登場したマキャンが、二球目のスライダーをとらえて、ライト後方へ長打コースのヒットを飛ばす。エルズベリーが悠々と生還し、一塁のロバーツは三塁へ、マキャンは二塁に達した。ヤンキース、二対一の逆転である。ツインズのバッテリーは、ダメージを最小限におさえるために、ソリアーノを敬遠した。ガーデンハイアー監督はふたたびブルペンへ出向き、約一九六センチもの上背がある右腕のリリーフ投手、ジャレッド・バートンをダンシングと交代させた。

ヤンキースは、俊足のイチローをソリアーノの代走に送り、猛攻を続ける態勢を整えた。リリーフに立ったバートンは、ソラルテを三塁へのフライに仕留めたが、続くジョンソンにヒットを許し、ロバーツが生還、マキャンとイチローは、それぞれ三塁と二塁に進塁した。しかし、次のライアンが空振り三振に終わり、長いイニングの幕が閉じられた。ヤンキースは二者残塁だったものの、三本のヒットと相手のエラーで貴重な二点を加え、スコアを三対一とした。ツインズは九回表に得点できず、試合は終了した。九回に田中をリリーフしたロバートソンは一二セーブ目を記録し、田中は失策がらみの一点を取られただけ（自責点〇）という好投で、八勝目をあげた。

要所でいい球が投げられた、後半はとくにスライダーがよかった、と田中はこの試合を振り返った。

シーズン開始から二か月が過ぎた時点の田中の奪三振数は、八八にのぼった。日本で二四勝〇敗を記録した二〇一三年の同時期の記録は五九だったから、より大勢のアメリカの打者を翻弄したことになる。また、五月末までの八勝は、メジャーリーグの新人記録タイの成績であり、田中はメジャーのエリート投手陣の仲間入りを果たした。これまで、この時期に八勝を記録した新人



▼1　バレンズエラはメジャーで17シーズン投げ、通算成績は173勝153敗2セーブ、防御率3.54、投球回数2930回、奪三振数2074。1980年にもメジャーで10試合登板している。

投手は、二〇〇二年にドジャースで投げた石井一久（八勝一敗）、やはりドジャースに在籍し、一九八一年に史上初めて新人王とサイ・ヤング賞の両方を獲得したフェルナンド・バレンズエラ▼1（八勝二敗）、また古くは、一九六八年にニューヨーク・メッツで活躍したジェリー・クーズマン▼2（八勝二敗）がいる。田中は、錚々《そうそう》たるメンバーと肩をならべたのだ。

試合後にメディアが田中を取り囲み、誰かが彼をエースと呼ぶと、田中は人懐《ひとなつ》こい、ちょっとはにかんだ笑みを浮かべて、首を振った。「いいえ、ぼくは自分をエースだとは思いません」と田中は言った。少なくとも日本では、八勝を大きく上まわる成績を出さなければ、エースと呼ばれる資格はないのである。

しかし、彼と対戦するチームは、まったく別の考えを持っていた。



▼2　クーズマンはメジャーで19シーズン投げ、通算成績は222勝209敗17セーブ、防御率3.36、投球回数3839回3分の1、奪三振数2556。1967年にもメジャーで9試合登板している。

# 第18章 ヤンキース初の月間MVP新人投手

「今回の投球もすばらしかったよ」。田中が白星をあげたツインズ戦のあと、ヤンキースの捕手ブライアン・マキャンが言った。「一回表の幸運なヒットがなかったら、完封できたんじゃないかな。実際、どの試合のときも、そう思うんだ。田中はストライクゾーンの上下左右を、自在に支配する。打者を打ち取る球種を、四つも五つも持っている。田中については、どれほど言葉を並べても、言い尽くせないよ」

田中将大が二〇一四年のメジャーリーグで一一試合に登板し、八勝目をあげて、五月末時点の新人投手記録に並んだあと、ヤンキースは勝利の女神に見放され、連敗の泥沼にはまった。

八勝一敗のエースピッチャーは、中四日の休みに入っていた。今シーズンがはじまってから、アメリカン・リーグで一〇勝以上の成績をあげているのは、六月一日に一〇勝目（一敗）を記録した、トロント・ブルージェイズの左腕マーク・バーリーただひとりである。そして、田中の防御率二・〇六は、アメリカン・リーグのトップだった。

日本の場合、先発投手は、たいてい中六日でローテーションする。それに対して、アメリカでは、中四日が多い。すでに田中は短い間隔での登板に慣れてきており、五日ごとの試合が待ち遠しいくらいだった。やがてシーズンが進むにつれ、ジラルディ監督は大きな決断に迫られ、田中の登板を中四日できびしくまわしていくようになる。田中なしでは、チームがやっていけない状態になったからだ。シーズン前半でさえ、ヤンキースは順調に勝ち続けていけず、監督は解決策を模索していた。これまでのところ、田中が許したホームランは七本しかなく、しかも場外まで飛んでいったものは一本もない。田中はヤンキースの切り札であり、チームの誰もが、田中がマウンドに立つ日を熱望していた。

六月早々、ヤンキースは立て続けに四試合を落とした。

「田中には、どこそこのエースなどという称号は必要ない」とマキャンは述べた。「彼はただ五日ごとに投げて、周囲を驚嘆させ続けているのさ」

四連敗はヤンキースを打ちのめし、チームは足踏み状態に陥った。五月三〇日にニューヨークにもどってきてから、一勝五敗という惨憺たる成績しか出せていない新ヤンキー・スタジアムには、暗雲が垂れこめた。田中が出場する試合は、日本であれアメリカであれ、大きな評判になる。長い伝統を誇るヤンキースに入団した田中は、人気球団のローテーションに花を添える存在だった。ところが、シーズン前半のなかばを過ぎた六月、田中の登板はたんなる彩りではなく、チームに不可欠なものになっていた。

「打撃というものは」と、田中は四日間の休養中のインタビューで答えた。「いいときもあれば、悪いときもあるのが当然です。でも、ぼくはピッチャーですから、スコアボードにできるだけゼロを並べていくことが自分の仕事だと考えて、いつもマウンドに上がっています」

連敗のはじまりは六月一日、ツインズとの三連戦の最終日からだった。田中の勝利の翌日におこなわれた、日曜日のデーゲームである。ヤンキースは二対七で敗れた。先発はホイットリーで、敗戦投手はロバートソンだった。翌二日の月曜日、シアトル・マリナーズが一〇対二の大差でヤンキースを料理し、右腕のデビッド・フェルプスが敗戦投手になった。▼1 フェルプスは二〇一二年にメジャーリーグに昇格して以来、二一三個の三振を奪っているが、今シーズンは不調にあえいでいた。

六月三日の火曜日は、ヤンキースにとって悲喜こもごもの感があった。この日からオークランド・アスレティックスとの三連戦がはじまり、その初戦を一〇回延長の末、二対五で落とした。ヤンキースの先発は黒田で、六回三分の二を被安打二、一失点と好投した。敗戦投手は二六歳の右腕アダム・ウォーレン。勝利投手となったダン・オテロは、二〇一三年にナショナル・リーグのサンフランシスコ・ジャイアンツから、アメリカン・リーグのアスレティックスに移籍した選手である。試合の最後は、左腕のショーン・ドゥーリトルが締め、セーブをあげた。前途多難な幕開けとなったアスレティックスとの三連戦だが、この日メジャーリーグは、アメリカン・リーグの投手部門における月間最優秀選手（ＭＶＰ）に、田中将大を選出した。五月の田中の成績はめざましく、六試合に登板して四三イニングを投げ、五勝一敗、月間防御率一・八八、完封が一回、与四球が六、奪三振が四二。勝利数ではア・リーグ一位、防御率は二位、奪三振数は三位、



▼1　1日の試合、イチローは先発出場して犠牲フライで1打点、2日の試合にも先発し、投手への強襲ヒットで2打点をあげた。

投球回数は三位タイである。ヤンキースの新人投手が月間ＭＶＰに選ばれたのは、一九七九年に同賞が制定されて以来、初めてのことだった。▼2

六月初めの四日間、田中は毎日胸を痛めながら、チームメイトたちがもがき苦しんでいる試合の様子を眺め、自分の次の登板日に流れを変えられるようにしたいと願った。六月四日の水曜日は、アスレティックスが七対四で連勝をおさめた。勝利投手は右腕のジェシー・チャベスで、ふたたびドゥーリトルがセーブを記録し、ヤンキースは右腕のホセ・ラミレスが敗戦投手になった。ヤンキースのロッカールームには緊張感がたちこめていた――というのは、おそらく控えめな表現だろう。一方、アスレティックスのほうは、正反対の状況だった。なにしろ、彼らは五連勝を記録しており、そのうちの二勝はヤンキースから奪ったものだった。しかも、一二試合連続でホームランを打っていた。

だが田中は、五試合連続でホームランを許していない。

六月五日の木曜日、ついに田中が、ヤンキー・スタジアムのマウンドに立つ日がやってきた。これまで八勝一敗、防御率は二・〇六。休養で疲労を回復し、月間ＭＶＰ投手に選ばれて自信をみなぎらせた田中は、三連戦の最終日にアスレティックスを撃破する原動力になるつもりだった。本拠地で四連敗を喫したヤンキースは、崩壊寸前である。チームがこれほど田中を必要とした試合は、かつてない。木曜の午後だというのに、観客席のおよそ九割が埋まっていた。ヤンキースのファンは、勝利の瞬間を待ち焦がれていたのだ。

試合は午後一時五分にはじまった。空は澄み、気温は二一度のさわやかな午後だった。試合開



▼2　日本人の新人投手としては、野茂英雄（ドジャース）が1995年6月の月間MVPに選出されている。

始前、つい前日に八三歳で死去した、ヤンキースの元ベンチコーチで、長きにわたってメジャーリーグに貢献してきたドン・ジマーのために、黙禱が捧げられた。ジマーは一九五四年にブルックリン・ドジャースの内野手として出発し▼3、この六月四日の水曜日に天に召された。一九九六年から二〇〇三年まで、ヤンキースのベンチコーチを務め、四回におよぶワールドシリーズ優勝の栄冠をともにした。一九九九年は、当時の監督ジョー・トーリが前立腺癌のために療養中だったシーズン開始後の一時期、監督代行としてチームを率いた。その年の一〇月の試合中、ヤンキースの二塁手だったチャック・ノブロックが放った痛烈なファウルボールに、顔面を直撃されたことがある。翌日ジマーは、正面に〝NY〟のロゴ、横に〝ジム（ZIM）〟と自分の名前を書いた軍用ヘルメットをかぶって、グラウンドに現れた。ヤンキースは、老兵ジムを愛した。

アスレティックスの先頭打者、センターのココ・クリスプは、もとの名前をコベリ・ロイス・クリスプという。ココというのは、子供時代、〝ココア・クリスピー〟というシリアルの箱に描かれているキャラクターに似ているということから、彼のきょうだいがつけたあだ名だった。二〇一三年三月五日、クリスプは自分の名前を法的に〝ココ〟へ変更している。さて、二〇一四年六月五日の試合がはじまり、クリスプは捕手ブライアン・マキャンへのキャッチャーフライに倒れた。二番打者は、捕手のジョン・ジェイソである。右投げ左打ちの選手だ。二〇〇八年にタンパベイ・レイズの選手としてメジャーリーグにデビューし、二〇一四年のシーズン終了時には、六年間▼4の通算成績で、打率二割五分六厘、三六四安打、三二本塁打の成績を残すことになる。

ジェイソは田中の初球をとらえ、強烈に振り抜いた。



▼3　その後カブス、メッツ、レッズ、再びドジャース、レンジャーズ。現役最終年の1966年は東映フライヤーズでプレーした。監督としてもパドレス、レッドソックス、レンジャーズ、カブスで計13シーズンにわたって指揮をとっている。

▼4　2009年は3Aでプレーした。

打球は右翼スタンドの二階席へ飛んでいった。

# 第19章 連敗ストッパー

ヤンキー・スタジアムのアスレティックス・ファンが、ジェイソの初回ソロホームランに狂喜しているあいだ、ピッチャーの田中だけは、捕手のマキャンが投げてよこした新しいボールをじっと見つめていた。ついさっき自分の手を離れたボールは、右翼スタンドまで、およそ一二二メートルの距離を一気に飛んでいった。ジェイソは自軍のダグアウトで喜びを爆発させ、チームメイトたちとハイタッチを交わしている。アスレティックスとの初めての対戦で、今から九回を投げ抜かなければならないというときに、これ以上のショックはない。ボールが大きな軌道を描きながら頭上を飛び越え、スタンドで跳ね返り、それを手にしようと争っているファンの姿が、脳裡で明滅する。おのれが情けなくなり、田中は小さく首を振った。このありさまになるまで、いったいどれくらいかかった？　五分か？

観客のざわめきがおさまりはじめ、三塁手のジョシュ・ドナルドソンが打席に立った。

だいじょうぶだ、とマキャンが田中にサインを送り、それにこたえて八勝一敗の投手は頷いた。

ボールを握った手を背中にまわし、縫い目をたしかめて位置を決めると、グラブに隠した。気持ちを切らさず、ボールを低めに集めるんだ。ドナルドソンは田中の五球目を引っかけ、三塁ゴロに倒れた。二アウト。マキャンはマウンド上の相棒に頷いてから、球審を見上げた。球審は腰に下げた袋から新しいボールを取りだし、それが泥で薄くコーティングされ、ほのかに茶色味をおび、きちんと渇いて、粘ついていないかどうかをたしかめてから、キャッチャーミットのなかへ落とした。マキャンは田中へ合図を送り、矢のように新しいボールを投げた。

アスレティックスの四番は、レフトのブランドン・モスだった。田中は、彼を見逃し三振に仕留めた。それでもやはり、ジェイソに浴びた一発が頭から離れなかった。初回早々に一点を失ってしまった。きびしい出だしだった。一回裏のヤンキースの攻撃では、ジーターがヒットを打ったのに続いて、エルズベリーも二塁打を放ったが、テシェイラが三塁ライナーに倒れたあと、ベルトランが空振り三振に終わり、二者残塁となった。二回表は、田中がアスレティックスを三者凡退にした。いったいなぜ、初回にホームランを打たれてしまったのだろう？　いつもジラルディ監督とコーチ陣は、試合開始直後の窮地から、田中が早く立ち直ってくれるようにと祈るのだった。そして今回も、彼らは胸をなで下ろした。序盤の失点はいつものことだ。想定の範囲内である。ありがたいことに、立ち直りが早いのも。まずはひやひやさせるのが、田中の試合の儀式のようなものだった。

田中はつねに、自分自身に高い要求を科す。この試合では、〝ストッパー〟になる覚悟を固めていた。自分がヤンキースの連敗を阻止しなければならない。田中はダグアウトから、相手方の先発投手、長身のドリュー・ポメランンツの様子を観察した。田中と同じ年齢のポメランンツも、どうやら立ち上がりに苦労しているようだった。ソラルテが三塁ゴロに倒れたあと、マキャンがレフトにヒットを放った。レフトを守っていたモスがエラーを犯し、マキャンは二塁へ。次打者のソリアーノがセンターへヒットを飛ばすと、マキャンが猛然と本塁に帰ってきた。田中は躍り上がった。チームメイトたちが同点に追いついてくれたのだ。田中はほっと息をついて、ベンチに腰をおろした。たとえ点を取られても、〝追いつけ追い越せ〟がヤンキースの信条だった。残念なことに、次のロバーツのゴロがダブルプレーになり、二回裏の攻撃は終わった。

田中は安定感のある投球で、アルベルト・カヤスポを二塁ゴロに、エリック・ソガードをファウルフライに、クリスプを二塁ライナーに仕留めた。三回裏、身長二〇〇センチ近くのポメランツが、マウンドに上がった。ヤンキースは打順が一巡し、先頭は一番ブレット・ガードナーである。身長はポメランツよりも二〇センチほど低く、年齢は五歳ほど上だ。しかし、ガードナーは闘志満々で打席に立ち、ポメランツは振りかぶって、第一球を投げた。ガードナーはその直球をとらえ、ライトスタンドへ叩きこんだ。二対一となる逆転弾である。満面に笑みを浮かべながらベースを一周してもどってきたガードナーと、田中は手を合わせた。チームの全員がガードナーを迎えた。このホームランのおかげで、チームは勝利に一歩近づいた。

しかし、続くジーターが打席に立つまでに、ポメランツは心を鎮め、落ち着きを取りもどした。そして、ジーターに三塁ゴロを打たせ、エルズベリーをピッチャーゴロに退けると、テシェイラを空振り三振に切って、そのイニングを終わらせた。ダグアウトにもどる途中、ポメランツは袖で額をぬぐい、なんとか最少失点で切り抜けられたことにほっとした。

その後、田中は五回と六回に、それぞれスティーブン・ボートとブランドン・モスにヒット一本を許すだけという力投を見せた。ジラルディ監督は満足だった。たとえ本人は自分をそうと考えていなくても、チームのエースは役目を果たし、一点差を守り切って七回につなげてくれたのだ。田中は勝利の女神を引き寄せ、七回からリリーフに立ったデリン・ベタンセスも、アスレティックスの打者を三人で退けた。

だが、七回裏の攻撃では、ヤンキースはポメランツを打ち崩せなかった。ソリアーノが二死から二塁打を放ち、イチローが代走で出場したものの、ヒットはその一本で終わってしまった。ジラルディ監督は、八回表に投手をふたたび変えた。ベタンセスを下がらせ、右腕のアダム・ウォーレンをマウンドへ送った。ノースカロライナ大学チャペルヒル校出身のウォーレンは、アマチュアドラフトでヤンキースに入団し、二〇〇九年六月二九日にマイナーリーグでデビューした選手である。メジャー昇格は二〇一二年で、翌一三年から開幕ロースター入りを果たした。このピッチャー交代があったほか、代走のイチローがそのままライトの守備についた。

ウォーレンは、苦しいマウンドになった。先頭のクリスプにヒットを許すと、続くジェイソにもヒットを打たれ、いきなり無死一、二塁の走者を背負った。そのあとは、ドナルドソンを三振に、モスを右ライナーに退けたが、次のセスペデスの打席でワイルドピッチ。クリスプとジェイソは、それぞれ三塁と二塁に進んだ。田中は肩と腕をアイシングしながら、息をつめてウォーレンの投球を見守った。絶体絶命のピンチである。しかし、ウォーレンはセスペデスを空振り三振に切って取り、三アウト。八回の表は終わった。その裏、アスレティックスにも投手交代があり、ジム・ジョンソンがリリーフに送られた。二アウトからエルズベリーがヒットを放ち、その後、二塁への盗塁も決めたが、テシェイラがゴロに倒れ、得点はできなかった。

九回表のヤンキースは、ウォーレンにかわって、デビッド・ロバートソンがマウンドに立った。アスレティックスは、二人目のボートがこの試合二本目となるヒットを放った。しかし、ロバートソンはコントロールがよく、次打者のカヤスポをゴロで片づけ、続くソガードの代打に送られたデレク・ノリスを見逃し三振に仕留めた。

試合後の田中は、「このチーム状況のなかで、粘りの投球が勝利につながったことはよかった。リーグでいちばん勝っているチームだけあって、アスレティックスもとても粘り強いと思いました」と語った。

ヤンキースの連敗は終わった。終わらせたのは田中だった。文字どおり、田中はストッパーになったのである。

# 第20章　リーグトップタイの一〇勝目

――記憶以外はなにも携えず、足跡以外はなにも残すな！
シアトル酋長《チーフ・シアトル》

アメリカ合衆国ワシントン州シアトル市の歴史は、一八五一年に入植者たちが南西部の海岸アルカイ・ポイントに初上陸した瞬間からはじまる。翌年、彼らはエリオット湾を渡り、のちに〝パイオニア・スクエア〟と呼ばれる地域に移った。シアトルという名前は、白人の入植に協力したドワミシュ・スクアミシュ族の酋長シアルスにちなんで付けられたものである。▼1

田中将大は、白人の移住者に大地の自然を守れと要求したネイティブ・インディアンの酋長ほど数多くの足跡はシアトルに残さなかったが、たしかな掌紋《しょうもん》をひとつ残した。〝エメラルド・シティ〟と呼ばれるこの都市でおこなわれたマリナーズとの三連戦の、第二戦目に登板したのである。シアトル酋長の言葉のなかに、もうひとつ心に残るものがある。「生命の織物を紡《つむ》いだのは人間ではなく、人間はただ、そのなかの一本の糸にすぎない。生命が脈打つ織物に人間がすることは、みなことごとく人間自身に跳ね返ってくる」

田中は、自分が先発する試合でほぼ確実に生じる序盤の失点が、そのおもな原因である自分自



▼1　彼は最終的に、白人が求める土地の売却と居留地への移住に合意した。その際に非常に有名な演説をおこなったとされる。

身に跳ね返ってくることを、よく承知していた。窮地に陥って必死に守り抜かなければならなくなるイニングが、かならずといっていいほどある。メディアによれば、恒例行事だ。ヤンキース・ファンのあいだでも、口にされはじめている。もうこれ以上、敗北の予兆のような場面を作るまい、と田中は決心した。試合がはじまってから最後の一球を投げるまで、ベストのピッチングをするのだ。チームの誰もが、その覚悟に気づいていた。田中の試合になると、ジラルディ監督はこう言った。「田中の存在は、ほんとうに大きい。彼のこれまでの成績、勝利数、今シーズンのチームへの貢献度を見てみたまえ。もはや、うちの柱だよ」

今回、田中には、一日よぶんな休みがあった。登板予定だったカンザスでの試合が、雨で延期になったからである。このため、ヤンキースはワシントン州のシアトルへ向かった。

試合の当日は、シアトルにしてはめずらしくよく晴れた日で、セーフコ・フィールドの気温は二一度だった。雨の多いシアトルの気候を考慮して、この球場は開閉式の屋根をそなえている。ふだんは屋根が開いているため、野球ファンによれば、球場の近くまで来ると名物のガーリックフライのいいにおいが漂ってくるという。セーフコ・フィールドは、以前のキングドームのかわりに、約五億ドルの総工費をかけてマリナーズの専用球場として建設され、一九九九年にオープンした。収容人数は四万七四七六人である。任天堂の米国法人がチームの筆頭オーナーなので、観客は、携帯ゲーム機ニンテンドーDS用の情報提供サービス〝ニンテンドー・ファン・ネットワーク〟[▼2]を介して、選手の成績や他球場の試合経過などの情報を入手したり、食事の注文をしたりできる。セーフコ・フィールドの屋根は、閉まったからといって球場全体がすっぽり包まれる



▼2　球場の複数のステーションでダウンロードできるDSソフト。ワイヤレス通信を使って情報提供をする。

わけではなく、側面の支柱構造の部分に壁はないので、グラウンドと観客席に傘をさしたような感じになる。ほかにセーフコ・フィールド型の開閉式屋根をそなえた野球場としては、日本の西武ライオンズが本拠地にしている埼玉県所沢市の西武ドームがある。

六月一一日の試合を観戦しにきたのは、二万八四三四人。観客席は四割以上あいていた。

一方、田中の闘志は六割どころではなかった。むしろ、出力全開だったといってもいい。できることなら、九回を投げきってやる。そんな気迫だった。ヤンキースは、かろうじて五割の勝率を維持している状態で、チームはここから勢いを増したいと考えていた。その鍵を握っているのは、チームのエースだった。

マリナーズの先発投手は、約二〇八センチの長身を誇る三五歳の右腕クリス・ヤングである。ヤングは途中まで、なんとかヤンキース打線を抑えた。対する田中は、初回を九球で終えると、そのまま三回の裏まで、連続の三者凡退でマリナーズ打線を片づけた。

ジラルディ監督は満足そうだった。その様子は、あたかも「田中が野球界の最高の投手」であるかのようだったと、のちに『ＥＳＰＮ』の記者が伝えている。

二回までは両投手とも好投していたが、三回の表にヤンキースがヤングをとらえた。まず、先頭の九番ロバーツがレフトにヒットを放つと、次のガードナーが四球を選び、ロバーツは二塁へ進んだ。続くジーターはバントに失敗してキャッチャーフライに終わったが、三番エルズベリーがセンターへ強烈なヒットを飛ばし、ロバーツが生還、ガードナーは二塁へ。四番テシェイラのゴロでエルズベリーが二塁封殺。しかし、ガードナーは三塁へ進んだ。残念ながら、五番ベルトランは快音を響かせることができず、三塁フライに倒れ、二者残塁で攻撃は終了した。二本のヒットで一点を先制してもらった田中は、三回の裏、マリナーズの打者を三振ふたつと一塁へのゴロに打ち取り、ヒットは不可能と思われるような冴えた投球を見せつけた。

四回表は、イチローのレフト前ヒットだけでヤンキースの攻撃が終わり、田中が会心の投球を続けるためにマウンドへ上がった。ところがこの回は、チャベスから三振を奪ったあと、ジョーンズとシーガーにヒットを打たれた。しかし、最後はモリソンを三振に仕留め、二本のヒットを許したものの、無失点で切り抜けた。

五回表、球威が落ちてきたヤングにヤンキース打線が襲いかかり、ベンチの田中を喜ばせた。ボンバーズは、文字どおり爆発した。三巡目の攻撃を迎えたヤンキースは、一番のガードナーがヒットで出塁。ジーターがセンターライナーに倒れたあと、三番エルズベリーがこの試合二本目となるヒットを放ち、ガードナーを二塁へ進めた。すると四番のテシェイラが、一二〇メートルを超えるホームランを右翼スタンドに叩きこみ、三点を加えた。これで四対〇と点差が広がった。その裏、田中は六番アクリーをレフトフライ、続くズニーノとミラーを三振に切って取った。

六回表、マリナーズの監督ロイド・マクレンドンはヤングを下がらせ、やはり一九八センチという長身のトム・ウィルヘルムセンをリリーフに送った。二〇一一年にデビューしたウィルヘルムセンは、一四年のシーズン終了後、四年間の通算で九勝八敗五四セーブ、防御率二・九一、二三四奪三振という成績をあげることになる。マクレンドン監督は、ウィルヘルムセンが得意の速球とカーブで勢いづいたヤンキース打線を黙らせ、これ以上傷口が広がらないようにしてくれることを願った。三〇歳の右腕は監督の期待にこたえ、ソラルテとイチローをゴロに、ロバーツを三振に仕留めた。

六回裏も田中は快進撃を続け、ふたりを空振り三振、ひとりを見逃し三振に切って取った。試合は後半の七回に入った。ヤンキースは、二番ジーターがショートへのヒットを放ち、すかさず二塁への盗塁を決めた。それが捕手ズニーノの悪送球を誘い、ジーターは三塁へ進塁。打席のエルズベリーは四球を選び、一塁と三塁に走者をおく展開になった。しかし、続くテシェイラが空振り三振、ベルトランが二塁ゴロに倒れ、せっかくのチャンスを生かしきれずに終わった。

七回裏の田中は、三番カノを一塁ゴロに打ち取ったあと、次のシーガーを歩かせてしまった。しかし、五番モリソンにゴロを打たせ、二塁、ショート、一塁の連携でダブルプレーを取り、マリナーズに得点する隙を与えなかった。

八回表の開始早々、マキャンがウィルヘルムセンのカーブをライトに運んだ。ところが、続くソラルテが初球を引っかけ、あえなくダブルプレー。八番イチローは出塁をねらったが、二塁ゴロに終わった。八回の裏も、田中はまだマウンドにいた。先頭の六番アクリーは退けたが、七番ズニーノに二塁打、八番ミラーにライト前ヒットを許し、一塁と三塁に走者を背負った。だが、九番ガレスピーを二塁ライナーに仕留め、一塁を飛び出したミラーもアウトにして、窮地を脱した。田中はここまで無失点で抑えてきており、マリナーズに四点以上入れられずに九回裏を投げきれば、完投勝利を手中にすることになる。

九回表、マリナーズは、ウィルヘルムセンからジョー・ベイメルに投手が交代した。九番ロバーツがライトへのライナーに倒れたあと、打順は先頭にもどり、ガードナーがヒットを放った。しかし、ジーターがふたたびライトライナーに終わると、三番エルズベリーのゴロで、ガードナーが二塁で封殺された。

田中が九回裏のマウンドに立った。一番チャベスは無難に片づけたが、二番ジョーンズにヒットを打たれた。そして、三番カノの打席になった。カノは田中の初球を強烈に振り抜き、センターのスタンドへ一二〇メートルを超える飛球を放った。試合終了目前の九回裏、マリナーズのスコアボードに二点が入り、点差は一気に半分に縮まった。ヤンキースのダグアウトに、重苦しい緊張感が漂った。だが、田中は落ち着きを失わず、続くシーガーとモリソンを見逃し三振に仕留め、試合を終わらせた。ヤンキースは胸をなで下ろし、勝利を手にした。しかし完投勝利にもかかわらず田中は、「最後にホームランを打たれたことがいちばん悔しい」と述べた。

田中はリーグトップタイの一〇勝目をあげ、五月二五日のホワイトソックス戦から負けなしの四連勝を飾った。最後に二ランを打たれて完封勝利は逃したものの、好調を維持しているというのは、控えめな表現だろう。この試合の成績は、九回を投げて被安打六、奪三振一一、与四球一。防御率二・〇二は、アメリカン・リーグのトップである。直近の四戦で約三〇イニングを投げ、自責点はわずかに四であり、シーズン全体を通してみても、自責点はどの試合でも三点以内にとどまっている。だが、二桁勝利への到達について水を向けられても、自分が評価することではありません、と田中は素っ気なかった。

「田中にしてやられたよ」と、カノは試合後に語った。「あいつは自由自在にボールを操れるんだ。いやな野郎さ！」

とはいえ、テシェイラのコメントが、いちばん的を射ていた。「田中がこの状態を維持すれば、メジャーリーグの新人投手として、過去に例のないほど偉大な成績をあげるだろう。それをこの目で見たいよ」

# 第21章 驚異の防御率一・九九

田中将大がシアトル・マリナーズ戦で完投勝利をあげた六月一一日、アメリカ南部のテキサス州アーリントンでは、日本のもうひとりの侍ダルビッシュ有が、マイアミ・マーリンズ戦で自身初となるメジャーリーグでの完封勝利を達成した。まったく同じ日に日本人投手ふたりが九回を投げきって勝ったのは、メジャー史上初めてのことである。勝利を決めたあと、胸をはってダグアウトに引き揚げた田中は、チームメイトの強者《つわもの》たちから抱きしめられたり、次々にハイタッチを求められたり、祝福の嵐でもみくちゃにされた。

一方、テキサスのダルビッシュは、勝利の瞬間、グローブライフ・パークのグラウンドに響きわたるほどの雄叫びをあげた。そして、ガッツポーズで喜びを爆発させ、祝福に駆けよってくる捕手のクリス・ジメネスを迎えた。

この日は、アメリカで戦う日本人投手にとって、特別な日となった。

六月一一日の田中の完投勝利後、ヤンキースはその勢いを維持し、続くふたつのビジターゲームで勝利をおさめた。まず、一二日のマリナーズとの最終戦を、六対三でものにした。勝利投手は先発のチェイス・ホイットリー、セーブはロバートソンである。また、一三日のオークランド・アスレティックス戦は、七対〇で圧勝した。両チームの先発であるデビッド・フェルプスが勝利投手となり、ソニー・グレイが敗戦投手となった。▼1 ヤンキースのローテーションの一角をになうホイットリーは、田中と同年代の右腕で、アラバマ州のトロイ大学卒業後、二〇一〇年にドラフト一五巡目でヤンキースから指名された。メジャーにデビューしたのは、二〇一四年五月一五日のニューヨーク・メッツ戦である。ミズーリ州セントルイス出身のフェルプスは、二〇一二年四月にメジャーにデビューし、二〇一四年のシーズン終了後、三年間の通算で一五勝一四敗一セーブ、防御率四・二一、奪三振二六七の成績をあげることになる。▼2

しかし、初戦を落としたアスレティックスは果敢に巻き返し、その後の二戦でヤンキースに勝利した。ふたたび連敗の泥沼にはまってしまうのだろうか、とヤンキースは危ぶんだ。六月一四日に一対五で敗れたときは黒田博樹が、一五日に五対一〇で敗れたときはビダル・ヌーニョが敗戦投手だった。

アスレティックスとの最終戦の翌々日、六月一七日のトロント・ブルージェイズ戦が田中の登板日だった。相手の先発は、マーカス・ストローマン。勝数と防御率でメジャーリーグの首位に立つ田中は、すなわち世界の頂点に立っている。半年前の一月、田中は自分自身とチームにひとつの約束をした。ヤンキースが田中と、メジャーリーグの投手部門で史上五番目となる巨額の契約をむすんだのは、そのためだった。つまり、ヤンキースを頂上まで牽引していくこと――仲間



▼1　イチローは12日の試合に途中出場して1打数1安打、13日の試合では先発出場して4打数2安打1打点の活躍を見せた。この時点での打率は.319。

▼2　フェルプスは、2014年12月にマイアミ・マーリンズへ移籍した。

たちを引き連れて、ワールドシリーズを制覇することだった。

　ブルージェイズとの三戦戦の初日は、ヤンキー・スタジアムで午後七時五分にはじまった。観客数は約四万二〇〇〇人。八割五分の入りである。大勢の人々が、田中を見るために遠くからやってきていた。

　蒸し暑い夜で、気温は三〇度近くもあった。

　五日間の休みで充電を完了した田中は、二連敗を喫したヤンキースの屋台骨を支えなければならない。田中はマウンドに立ち、四月四日のデビュー戦以来、およそ二か月ぶりにブルージェイズの先頭打者と対峙した。背番号7のホセ・レイエスは、日本人エースピッチャーの投じた初球をとらえ、軽々とヤンキー・スタジアムのライトスタンドへ運んだ。

　田中は目を閉じ、胸にこみ上げてくる失望感を振りはらった。

　母国の日本に、こんなことわざがある。〝七転び八起き〟。このことわざは、家庭などに飾られている人形にからめて使われたりもする。なんらかの祈願をするためのだるまや、おきあがりこぼしと呼ばれる張り子の人形だ。〝おき〟は、身体を起こす、〝あがり〟は、立ち上がるという意味である。だるまの多くは、東京の北の群馬県高崎市で生産され、両方の眼が白くあいている。目標達成などの願いがあるとき、まず、片方だけに黒く眼を入れる。そうして、自分には願いがあることをあきらかにし、その願いが成就したときに、もうひとつの眼を入れるのだ。人生のさまざまな段階で、だるまに眼を入れながら、自分自身の願いや目標を確認し、一歩ずつ進んでいく場合もあるだろう。七転び八起きも、だるまも、おきあがりこぼしも、日本人の決してあきらめないという姿勢をあらわしている。それはまた、メジャーリーグで戦う日本人選手の不屈の精神でもあるはずだ。

初球。それを本塁打にされた。田中は、レイエスがホームベースを踏み、チームメイトたちの歓呼や称賛に包まれながらダグアウトに降り、姿を消すのを見つめた。

すでに、眼はひとつ入れてある。こんなことで怯《ひる》むわけにはいかない。七回転んでも、八回起き上がればいいのだ。

レイエスは、周到な作戦を練っていた。彼はこの球場を熟知しており、田中の初球が甘いコースに来たと見るや、最短距離でホームランにしたのである。「試合がはじまる前から、初球を思い切り叩こうと思っていたんだ」と、レイエスは語った。「田中の場合、二ストライクを取られたら、こっちの負けのようなものだからな」

今シーズンはまだ半分も終わっていなかったが、田中は彼のファンだけではなく、彼と対戦するメジャーリーグの選手たちにも、大きな影響をおよぼしはじめていた。

次打者のメルキー・カブレラは、強烈なピッチャー返しを放ち、打球は田中の両脚のあいだを抜けていくかと思われた。しかし、田中はすばやく体勢を整え、鋭いあたりをうまくさばいて一塁へ送り、カブレラをアウトにした。

この回、田中はほかに二本のヒットを打たれ、ふたたびピンチに立たされた。しかし、なんとか本塁打による一点のみでしのぎ、窮地を脱した。

その後、二回表は無難に切り抜けたが、三回表はカブレラにヒットを許した。しかし田中は、この試合で、二度と走者に二塁を踏ませなかった。

三回裏、ヤンキース打線が目覚めた。ジョンソンがライトを破る二塁打を放つと、ガードナーがライトスタンドに飛びこむホームランを見舞った。ヤンキース、二対一の逆点である。

四回表、田中は先頭の七番フアン・フランシスコを歩かせた。次に迎えた打者は、日本人の二塁手、川崎宗則▼3である。二〇〇八年の北京オリンピックには日本代表として出場し、日本での田中との対戦成績は六四打数一八安打（二割八分一厘）。田中は、川崎を空振り三振に仕留めた。続くアンソニー・ゴーズにはゴロを打たせ、フランシスコを二塁でアウトにした。最後は、ショートの一番レイエスを空振り三振に切って取り、このイニングを終わらせた。

四回裏、ストローマンも先頭の六番ベルトランを歩かせ、七番イチローを空振り三振にした。八番ロバーツはライトフライ。しかし、九番ジョンソンがセンター前ヒットを放ち、ヤンキースは二死から走者一、二塁のチャンスとなった。ブルージェイズはピッチャーを交代させ、アーロン・ループをマウンドへ送る。リリーフ投手は傷口を広げることなく、ヤンキースは二者残塁に終わった。

五回表、田中は、ブルージェイズの打者三人を三振に切って取った。カブレラ、バティスタ、エンカーナシオンと、全員が空振り三振である。五回裏、先頭のジーターはヒットで出塁すると、ワイルドピッチで二塁へ進んだ。そして、三番エルズベリーのショートゴロで、三塁へ。ここで四番テシェイラがセンター前へタイムリーヒットを放ち、ジーターが生還した。続くマキャンは三振、ベルトランは一塁へのフライに倒れたが、この回、ヤンキースは二本のヒットで一点を加



▼3　川崎は、2012年シアトル・マリナーズ、2013年からトロント・ブルージェイズに在籍。メジャーリーグ3年間の通算成績は、584打数137安打、1本塁打、48打点、打率.235、出塁率.315。

えた。

六回表の田中は、先頭の五番ローリーをセカンドゴロ、六番ナバロをピッチャーゴロに仕留めたあと、打席に迎えた七番フランシスコに、センターを破る二塁打を見舞われた。しかし、続く川崎をセカンドゴロに打ち取り、その裏のヤンキースの攻撃につなげた。ブルージェイズはふたたびピッチャーが交代し、今度はトッド・レドモンドがマウンドに上がった。イチローがショートゴロでアウトを取られ、次のロバーツが四球で一塁へ。続くジョンソンはレフトフライ。ワイルドピッチでロバーツが二塁に進んだが、一発をねらったガードナーの打球は伸びず、センターフライに終わり、ロバーツは残塁となった。

ヤンキースは、七回表からデリン・ベタンセスが田中をリリーフし、ブルージェイズは、八回裏にセルジオ・サントスがマウンドに上がった。両投手とも得点を与えず、九回表になった。ヤンキースのクローザーとして登場したロバートソンが、三人目の川崎に三塁打を浴びた。しかし、二アウトで時すでに遅く、最後はゴーズが見逃し三振に倒れ、試合は三対一でヤンキースの勝利に終わった。ジラルディ監督にとって、ヤンキースを率いてから通算で六〇〇勝目となった。

田中は一一勝一敗と白星の数を増やし、五月二〇日の敗戦以降、負けなしの五連勝を記録した。防御率は、リーグトップの一・九九である。この試合の奪三振数は一〇。許した五本のヒットのうち、四本は前半に打たれており、奪った三振の半数は四回と五回に集中していた。両リーグを通じて、開幕以来ただひとり継続中の連続クオリティースタート（六回以上投げて自責点が三以内）も、一四試合に伸ばした。それでも、田中はいつもどおり、自分にきびしい態度を変えなかった。

初球をホームランにされたときの気持ちを尋ねられると、田中は「ここをしのいで切り替えていこう、と自分に言いきかせながら投げました」と答えた。

一方、試合開始直後に一発を浴びた田中に失望したか、と質問されたジラルディ監督は、田中を擁護した。「誰に対してであれ、完璧を要求するのはフェアではないと思う」と監督は述べた。「細かな内容がどうであったかは、わたしは問わない。球数が一一〇球になったとしても、気にしない。これまでの田中の結果はすばらしいものだし、今年のチームの勝利に大きく貢献してくれている。先発のローテーションを維持し、きちんと調整しながら、チームを牽引している。たえずね。彼は勝っているんだ」

だが、その五日後、田中はメジャーリーグで二回目の敗北を喫する。そしてその二週間後、戦線を離脱することになる。

# 第22章 二回目の敗北

六月二二日、ヤンキー・スタジアムでは、第六八回のオールドタイマーズ・デーが開催された。これはヤンキースOBの恒例行事で、セレモニーのあとは、往年の背番号をつけたOBたちで数イニングの親善試合をおこなう。▼1 今回は、二〇〇八年に野球殿堂入りを果たした往年の名リリーフ投手グース・ゴセージに、ヤンキー・スタジアムのモニュメント・パークに永久設置される楯が寄贈された。リチャード・マイケル・〝グース〟・ゴセージは、一九七二年にシカゴ・ホワイトソックスからメジャーリーグにデビューし、その後、リリーフ投手として二三年間活躍した。ヤンキースに入団したのは一九七七年のシーズン終了後で、一九八三年まで在籍。一九八九年にも一時復帰している。ホワイトソックス時代の一九七五年には二六セーブをあげて両リーグの首位、ヤンキース時代の一九七八年には二七セーブでアメリカン・リーグの首位（両リーグ四位）、一九八〇年には三三セーブで、ふたたび両リーグの首位に輝いた。一九七八年のアメリカン・リーグ東地区の優勝をかけたボストン・レッドソックス戦でもクローザーを務め、五対四の一点リード



▼1　2014年は、2009年ワールドシリーズMVPに選出された松井秀喜も初参加し、5番指名打者で出場。4回には左翼の守備についた後、投手も務め、単打2本を許して降板した。

を守りきって、チームのプレーオフ進出を確定させ、この年のワールドシリーズ優勝につなげた。一シーズンだけだが日本の福岡ダイエーホークスでプレーしたこともある。▼2

現在でこそ、自軍がリードしているときや同点のとき、先発からセットアッパーにつなぎ、最後はクローザーで締めるという継投法は、メジャーリーグのどのチームにも定着しているが、じつはヤンキースが一九七〇年代から一九八〇年代前半に確立したものだ。ゴセージはクローザーであり、一五八キロから一六四キロという、メジャー史上屈指の球速を誇る直球を武器とした。

ゴセージが楯を受け取ったあと、現役時代は捕手として活躍し、その後は監督も務めた八九歳のヨギ・ベラと、ヤンキース一筋の投手として選手生活を送り、球団史上最多の二三六勝を記録した八六歳のホワイティー・フォードが、ゴルフカートに乗ってグラウンドを一周しながら、総立ちの観衆の歓呼にこたえた。最後に、ヤンキースの元監督で、現在はこの日の対戦相手、ボルティモア・オリオールズの監督を務めるバック・ショーウォルターがダグアウトから出てきて、帽子を脱いで挨拶し、万雷の喝采を浴びた。

日曜日の午後、楽しく心あたたまるイベントのあとにおこなわれた試合では、ヤンキースは田中将大、オリオールズはクリス・ティルマンが先発投手だった。九回が終わってみれば、田中は一五試合連続となるクオリティースタートを達成していたが、その喜びも無に帰するような結果だった。この日の試合は、オリオールズとの三連戦の第三戦で、初戦は五対三でヤンキースが勝利したものの（先発は黒田博樹、勝利投手はデビッド・ハフ）、第二戦は一対六で敗北していた（敗戦投手はビダル・ヌーニョ）。ヤンキースは、チームが頼みとする右腕で流れを変えたいと念じてい



▼2　1990年7月4日の近鉄戦で初登板。23試合に投げ、2勝3敗8セーブ、防御率4.40だった。翌91年はテキサス・レンジャーズに移籍。メジャー通算では124勝107敗310セーブ、防御率3.01。

たが、その願いもむなしく、〇対八の大差で敗れてしまった。

田中は、七回を投げて六安打三失点という好投だった。しかし、例によって打線が援護できず、ヤンキースは一度もホームを踏めないまま、試合は終わった。チームは粉砕され、田中にはふたつ目の黒星がつき、成績を一一勝二敗とした。日本から来たルーキーのこの記録はめざましいものだったが、ボンバーズは屈辱の完封負けを喫した。八回はアダム・ウォーレンが田中のリリーフに送られたが、悪い流れを断ち切れず、四本のヒットを浴びて四点を失い、チームが勝利する望みは消えた。ウォーレンは田中以上に失点したが、敗戦は先発の田中についた。

しかし、オリオールズのショーウォルター監督は、田中への称賛を口にした。「田中が本調子ではない日に対戦できて、ラッキーだったよ」。オリオールズの二本の本塁打のうち、二回二死走者なしの場面で二―二のカウントから田中の第六球目を左翼席に運び、先制点を叩きだしたスコープは、田中との対決で本塁打を二回放った、メジャーリーグで唯一の選手となった。

田中は、すべてを一身に受けとめていた。「ホームランで先に失点したことも悪いし、七回の二点も取られ方が悪い（無死二、三塁からショートゴロと犠牲フライで各一失点）。ぼくが試合を壊したような気がします」

だが、次の土曜日、田中はこれ以上の苦汁をなめることになる。

# 第23章 九回二死からの被弾

「バカじゃねえのか！」ダグアウトにもどり、喜びに沸くチームメイトたちに迎えられながら、ボストン・レッドソックスの一塁手マイク・ナポリが叫んだ。彼が言っているのは、田中将大のことである。もちろん、この試合で、対戦相手の日本人エースピッチャーから彼がふたつの三振を喫したことを、悔しがって口走ったわけではない。実際のところ、あとになってみれば、ナポリは口を閉じていればよかったと思っただろう。なぜなら、彼の発言の一部始終は、ＦＯＸテレビの全米中継に拾われていたからである。この騒動は、六月二八日のヤンキー・スタジアムで、九回表にナポリが田中の四球目をライトスタンドに運んだあとに起きた。試合を決める一発だった。

田中は、メジャーリーグの新人投手記録を次々と塗りかえながら、一一勝二敗の成績でこの日のナイトゲームにのぞんだ。両チームの先発は、ヤンキースが田中、レッドソックスが左腕のジョン・レスターである。田中は九回を投げきる覚悟でおり、長丁場の投球にそなえていた。腕の調子はいい。

一回表、田中はボールを低めに集め、レッドソックスの打者三人をゴロかフライに仕留めた。一回裏のレスターも、四球を与えたジーターに二塁まで進まれた以外は、ほぼ同じ内容で、最後は四番テシェイラをフライに打ち取り、そのイニングを終えた。

二回表、田中はオルティスを空振り三振に仕留めたあと、ナポリを歩かせたが、続くドルーとボガーツを空振り三振に切って取った。二回裏のレスターは、ヤンキース打線を三者凡退。三回表の田中は、先頭の八番ブラッドリー・ジュニアに大きなセンターフライを打たれたあと、ややコントロールが乱れ、九番ロスにレフトスタンドへの本塁打を許した。レッドソックス、一点先制である。

三回裏、ヤンキース打線も意地を見せた。まず、八番ロバーツの当たりそこないが、ショートのドルーのまずい守備で、幸運なポテンヒットになった。すると、レスターが九番ソラルテに死球を与え、ロバーツは二塁へ。次のガードナーがすかさずバントを決め、ロバーツとソラルテをそれぞれ三塁と二塁へ進めた。そして、ジーターのショートゴロでロバーツが生還し、ソラルテが三塁へ進んだ。三番エルズベリーは、ソラルテもホームに迎え入れようと粘ったが、最後はゴロに倒れ、走者は残塁に終わった。それでもヤンキースは同点に追いつき、田中はほっとしながら、四回表のマウンドへ向かった。

田中は打線の援護にこたえ、ナポリとドルーを空振り三振に切り、ボガーツをショートゴロに仕留めた。しかしその前に、ペドロイアにはシングル、オルティスにはツーベースと、二本のヒットを許し、無死二、三塁のピンチをまねいていた。一方、四回裏のレスターのコントロールは万全で、テシェイラを空振り三振、ベルトランとソリアーノをレフトフライに打ち取った。五回表の田中は、ブラッドリーをゴロ、ロスをフライに仕留めたが、ホルトに投じた四球目のスライダーをとらえられ、ふたたびツーベースヒットを許した。だが、田中は落ち着きを失わず、ナバをセカンドゴロに仕留めた。六回表、レッドソックスの攻撃は、三番ペドロイアからはじまった。ペドロイアは痛烈なヒットを放ち、一気に二塁をおとしいれようとしたが、アウトとなる。四番オルティスはゴロに倒れ、五番ナポリはこの試合ふたつ目の空振り三振を喫した。

六回裏、ヤンキース打線がレスターにくらいついた。まず、一番ガードナーがセンター前ヒットで出塁。そして二塁への盗塁を試みたが、捕手ロスの好送球にはばまれ、惜しくもアウト。しかし、二番ジーターがレフト前ヒットを放ち、続くエルズベリーもライト前ヒットを打って、ジーターを二塁へ進めた。だが四番テシェイラがフライに倒れると、五番ベルトランも空振り三振に終わり、得点のチャンスを生かせなかった。試合は七回表に移った。田中は隙を見せず、ドルーをサードフライ、ボガーツをショートライナー、ブラッドリーをショートフライで退けた。

七回と八回は、淡々と進んだ。田中は、いずれも三者凡退に終わらせ、ヤンキースのほうも、それぞれの回に、レスターからシングルヒット一本を打っただけだった。そして、試合は九回の表に動いた。打順はふたたび三番ペドロイアから。この日二安打と好調なペドロイアは、またもセンター前にヒットを放った。しかし、田中は次のオルティスにゴロを打たせて、ダブルプレーに仕留め、ナポリが打席に立った。この日、二回も空振り三振に終わらせた相手である。田中は、三球でカウント一―二に追いこんだ。捕手のマキャンがスプリットのサインを送ったが、田中は首を振った。そこでマキャンはスライダーを要求したが、田中はふたたび首を振った。

「おれに打順がまわってきて、やつはしめたと思ったのさ」と、試合後にナポリは言った。のちに田中は、このときは一球ストライクゾーンをはずした速球を見せ、それから変化球を投げても遅くはないと考えた、と述べた。マキャンは同意しなかった。しかし、田中は自分の考えを押しとおした。

ナポリは、虎視眈々と待ちかまえている。

田中の投げた直球は真ん中よりに入り、ナポリが振り抜いた打球は、フェンスを越えてライトスタンドに突き刺さった。この球場は右翼側が狭い。飛距離は、わずかに一〇八メートル。ただ、この試合では二回も空振り三振したものの、ナポリは過去四試合で二本の本塁打を放っており、これが今シーズンの一〇本目となった。そして、ベースを一周してダグアウトにもどり、笑顔のチームメイトたちに迎えられたとき、「バカじゃねえのか！」と口走ってしまったのである。直球を投げて本塁打にされた田中を評したその言葉は、テレビでアメリカ中に放送された。試合が終わって興奮がおさまったとき、ナポリは自分の発言を悔いた。

レッドソックスの投手レスターは、田中について次のように語った。「今夜の田中は、ずっとナポリをうまく抑えていた。あのとき、ナポリはすごくいいスイングをしたんだと思う。ヤンキー・スタジアムだったのも幸運だったよ。ほかの球場だったら、ホームランになる飛距離じゃなかったからね」

この本塁打でレッドソックスは勢いづき、その流れは試合終了まで変わらなかった。九回裏は、守護神の上原浩治がヤンキース打線を三者凡退に終わらせ、レッドソックスは二対一で勝利した。[1]ヤンキースにとっては衝撃的な敗戦だったが、今シーズンのレッドソックスにしてみれば、いつものパターンだった。というのも、この日をふくむ過去一四試合のうち、一点差で勝負がついた試合は九試合あり、そのうちの六試合に勝っていたからである。

試合後、田中は「最悪の結果になってしまいました。あの場面で打たれるのは、力がないというとです」と悔やんだ。この日、田中の速球はいつもより走っていなかった。どうか悪い予兆ではないように、と田中は願った。

レッドソックスは翌二九日にも勝利をおさめ、ヤンキースは二連敗となった。[2]その後、チームはタンパベイ・レイズとの三連戦にのぞんだが、すべての試合を落とした。田中の登板日はなかった。田中が四日間の休養を終え、ミネソタ・ツインズとの初戦でマウンドに立つまでに、ヤンキースは五連敗していた。チームの連敗ストッパーは、蘇ってくれるだろうか？　田中は勝利の女神を引き寄せられるだろうか？



▼1　上原はベルトランを三振、ソリアーノの代打イチローをセンターフライ、マキャンを三振に切って取り、17セーブ目をあげた。この時点での防御率は1.23。
▼2　8回1イニングを田澤純一が無失点に抑えた。防御率は2.14。9回は上原が締め、18セーブ目をあげている。

# 第24章 逃したメジャー新記録達成

「打線がもっと得点できるようにならないとだめだ」と、プエルトリコ出身のヤンキースの外野手カルロス・ベルトランは述べた。「それにまちがいはない。ホームでは、ほんとうにひどかったからね」

ホームで五連敗を喫したボンバーズの汚名を返上するチャンスは、ミネソタ州ミネアポリスのターゲット・フィールドでやってきた。

七月三日、田中将大はヤンキースの連敗阻止を胸に、マウンドに上がった。ミネソタ・ツインズの本拠地でのナイトゲームは、ふだんより遅い八時一〇分からはじまった。ツインズの先発投手フィル・ヒューズは、身長一九六センチの右腕である。二〇〇四年にヤンキースからドラフト一巡目で指名され、二〇〇七年に期待の新人投手として、まだ二〇歳の若さながらメジャーリーグにデビューした。二回目の登板では六回三分の一を無安打で抑え、二〇〇九年にはマリアノ・リベラの前のセットアッパーを務めるようになった。この年にワールドシリーズ優勝を経験し、その翌年にはオールスターゲームに選出されている。しかし二〇一三年は四勝一四敗、防御率五・一九と低迷し、シーズン終了後にミネソタ・ツインズに移籍した。今シーズンのこれまでの成績は、八勝四敗である。

一方の田中は、一一勝三敗と両リーグトップの勝利をあげている。また、前回のレッドソックス戦で、一九七三年にスティーブ・ロジャーズが達成した、デビュー戦から一六試合連続のクオリティースタートというメジャーリーグ記録に並んだため、この日の試合には、新記録達成の期待がかかっていた。

一回表、ヒューズの立ち上がりは好調だった。ガードナーを三振、ジーターをフライ、エルズベリーをゴロに仕留めた。一回裏の田中は、先頭のドージャーにヒットを許したあと、二番のハワイ出身の日系アメリカ人捕手カート・スズキを空振り三振。だが、三番の一塁手クリス・パーメリーには、そうはいかなかった。ライト線を破るタイムリーツーベースを放たれ、ドージャーが生還した。打球がライト後方まで転がり、パーメリーは三塁をねらったが、二塁をまわったところでタッチアウト。これで二死となり、田中は、次の四番モラレスをゴロに打ち取った。

ヤンキースの打線はひどい状態だった。実際、七月現在、チーム全体の成績は、得点数はアメリカン・リーグの一二位、本塁打数は一〇位であり、しかも田中が先発した過去二試合では、たったの一点しか得点できていない。この日ヤンキースは、マイナー契約をむすんでいたゼラス・ウィーラーをメジャーに昇格させ、三塁手として起用した。八年間マイナー生活を送っていたウィーラーにとっては、このツインズ戦がメジャーデビューとなる。球団が与えてくれた、だいじな挑戦の機会だった。[1]

二回表、ヤンキース打線は沈黙したままだった。ボンバーズは、ヒューズに三者凡退に抑えられた。テシェイラはライナー、マキャンは三振、ベルトランはゴロ。二回裏、田中は二人目のアルシアにライト前ヒットを許したが、四人目のエスコバルをゴロに仕留め、追加点を与えなかった。

三回表、ヤンキースは先頭の七番イチローがセンター前ヒットを放ったが、あとが続かない。ウィーラーが一塁へのファウルフライに倒れたあと、ライアンのゴロがダブルプレーとなり、この回も三人で攻撃が終了した。

三回裏、田中は先頭の九番フルドに内野安打で出塁されると、次のドージャーにもセンター前にヒットを許し、フルドは三塁まで進んだ。続く二番スズキのゴロでフルドが生還、ドージャーは二塁へ。しかし、後続のパーメリーとモラレスをゴロに打ち取り、それぞれ走者を三塁と二塁でアウトにした。だがツインズは、この回二本のヒットで一点を追加した。

四回表、ヤンキースは完全に抑えこまれ、またも三者凡退。しかし四回裏の田中も、この試合初めて、ツインズ打線を三者凡退にした。

五回表、ヤンキースは奮起を誓い、ヒューズに襲いかかった。先頭の四番テシェイラがヒット、次のマキャンもヒット、そして三人目のベルトランが沈黙打線の呪縛をぬぐいさるかのように、右中間スタンドへ本塁打を叩きこんだ。ヤンキースは一気に三対二と逆転した。イチローがゴロに倒れたあと、気迫をみなぎらせたゼラス・ウィーラーが打席につき、センターのフェンスを越



▼1　2015年は田中の古巣、楽天イーグルスでプレーすることが決まっている。

える約一二六メートルの本塁打を放った。その後はライアンのゴロ、ガードナーのフライで三アウトになったが、ヤンキースは二本の本塁打をふくむ四安打で、四点を奪った。試合後、メジャーデビュー戦を華々しく飾った気分を尋ねられたウィーラーは、「最高さ。この瞬間をずっと待っていたんだ。これをはずみにしたいと思うよ」と述べた。

一方、ウィーラーをどのように抑えようと思ったのかを問われたヒューズは、次のように答えた。「彼のことはほとんど知らなかったからね、三―一のカウントになったとき、勝負に出たんだ」。そして、いったん言葉を切ったあと、こう続けた。「彼のスイングはすばらしかった」

打ったウィーラーは満面の笑みを浮かべていた。

「アメリカン・リーグを勝ち抜くためには、こういったことが必要なんだ」と、ジョー・ジラルディ監督は語った。

五回裏、田中は丁寧な投球を心がけ、フルドにヒットを許したものの、ドージャーをダブルプレーに打ち取り、無得点で抑えた。だが、六回裏、先頭の二番スズキに四球目をとらえられ、ツーベースヒットにされる。スズキは、次のパーメリーのゴロで三塁へ進み、続くモラレスのファーストゴロで生還した。ツインズは三点目をあげ、一点差に迫った。

七回表、ヤンキースはツインズを突き放しにかかった。ヒューズは、先頭の六番ベルトランを三振に取ったが、次のイチローを歩かせた。すると、波に乗ったウィーラーがセンター前ヒットを放ち、イチローは二塁へ。次打者ライアンはレフトへのタイムリーツーベースを見舞い、イチローが生還、ウィーラーは三塁に進塁した。

ツインズのロン・ガーデンハイアー監督は、ここでピッチャー交代を告げ、カンザス出身の左腕ブライアン・ダンシングをマウンドへ送った。しかし打線の勢いは止まらず、ガードナーが交代直後のダンシングの初球をとらえてセンター前へ運び、ウィーラーが六点目のホームを踏んだ。しかも、続くジーターのゴロをダブルプレーにできず、三塁走者が生還。ガードナーは二塁アウト。七人目のエルズベリーがセカンドゴロに倒れて、長いイニングが終了したが、ヤンキースは久々の猛打で三点を追加し、田中に大量の援護をプレゼントした。七回裏、田中はプラウフにレフト線を破るツーベースヒットを打たれたあと、次打者のエスコバルにもレフト前へ運ばれ、プラウフが一気にホームをついた。ツインズに四点目が入った。

八回表は、ツインズの三人目の投手、背番号51の右腕アンソニー・スウォーザックがマウンドに立った。スウォーザックは傷口を広げず、ヤンキースを三者凡退にした。

八回裏は、デリン・ベタンセスが田中をリリーフし、ツインズを三者凡退。九回表、先頭の七番イチローがセンター前ヒットを放つも、スウォーザックはテンポのよい投球で、次のウィーラーにゴロを打たせてダブルプレーに仕留め、最後はライアンを三振に切って取った。九回裏、ヤンキースはクローザーのロバートソンがマウンドに上がり、モラレスとウィリンガムを三振に取ったあと、アルシアを歩かせたが、最後はプラウフを三振に仕留め、試合が終了した。ロバートソンは一九セーブ目をあげ、ヤンキースは七対四で勝利した。

田中は一二勝三敗と勝数を伸ばしたが、七回を投げて、自己ワーストの九安打四失点という内容だった。クオリティースタートのメジャー記録更新はならず、与四死球はなかったとはいえ、三振は今季最低の三つしか奪えなかった。

試合後、田中は、投球数は八五と少なかったものの、この日の試合は今季最悪の内容のひとつだと述べた。「四失点というのは取られすぎです。でも、クオリティースタートでなくても、チームが勝てればいい。それが野球です」

しかしヤンキースは、ようやく連敗から脱却し、一一試合という長い遠征で幸先のよいスタートを切ったことに加えて、勝率も五割にもどり、大喜びだった。

「とても手ごわい選手だよ」と、ツインズのガーデンハイアー監督は田中を評した。「試合の主導権を握るからね」

この日本人の侍にあと一試合しか残されていないとは、誰ひとり予想していなかった。

第25章

# 突然の戦線離脱

崩壊寸前となったヤンキースの先発ローテーションは、チームの日本人エースへの依存度を高めていた。CC・サバシア、マイケル・ピネダ、イバン・ノバと、三人もの投手が次々に故障者リスト入りしてしまったからである。七月七日の試合が終了した時点で、ヤンキースは、アメリカン・リーグ東地区の首位に立つボルティモア・オリオールズと三・五ゲーム差の三位につけており、常勝ピッチャーともいえる田中は、先発ローテーションの要だった。ジラルディ監督は、田中の登板試合は勝つものとして計算できる、と述べた。

そして七月八日の火曜日、田中はクリーブランド・インディアンスとの試合で六回三分の二を投げ、翌日の水曜日には、右肘の痛みによって一五日間の故障者リスト入りという、青天の霹靂《へきれき》の事態が起きた。八日の試合の七回裏、敵地のスタジアムに響く大歓声を背に、今季最悪の試合内容で降板したとき、九月二一日までマウンドに立つことができなくなるとは、田中は想像すらしていなかった。戦線離脱の発表があった直後から、はたして田中は復帰可能なのかという疑問が噴出した。

　今シーズンの初顔合わせとなるインディアンスとの四連戦の第二戦目は、あたたかで気持ちのよい夜だった。湿度は高かったものの、やわらかな風がグラウンドを吹き抜けていた。

　インディアンスの先発投手は、トレバー・バウアーである。カリフォルニア州ノースハリウッド出身で、カリフォルニア大学ロサンゼルス校卒業後、ダイヤモンド・バックスに入団し、二〇一二年にメジャーリーグにデビューした。マキャンとベルトランには打率五割と打ちこまれていたが、ヤンキースとの対戦成績はよかった。

　ところがこの日のヤンキースは、予想外の勢いでバウアーに襲いかかった。一回表、先頭のガードナーは四球を選んだ。ジーターはセンターフライに倒れたが、エルズベリーのレフト線を破るヒットで、ガードナーは二塁へ。そして、四番テシェイラのセンター前ヒットの処理に外野がもたついている隙に、ガードナーが生還した。続くマキャンは空振り三振に終わったが、二塁と一塁の走者がダブルスチール。あわてた捕手のヤン・ゴメスは、三塁刺殺をねらったものの、それが悪送球となってエルズベリーがホームをつき、二点目をあげた。六番ロバーツがゴロに倒れ、ヤンキースの初回の攻撃は終わった。

　一回裏、田中がマウンドに上がった。先頭のキプニスに初球をとらえられ、センター前へ運ばれた。続くカブレラは、センターフライ。しかし、次のブラントリーの打席で、キプニスに盗塁されると、ブラントリーにライト線を破るタイムリーツーベースを許し、一点を返された。四番サンタナをなんとか空振り三振に仕留めたが、五番チゼンホールを歩かせた。それでも次打者のスウィッシャーをファーストゴロに打ち取り、追加点は許さなかった。

田中の投球は、どこかがいつもと違っていた。しかし、誰も気づいていなかった。ジラルディ監督さえも、である。速球の球威も衰えておらず、最初は約一四六～一四八キロだったのが、回を重ねるにつれ、約一五一～一五三キロと球速を増していた。

ただ、いつもよりスプリットを投げる回数が減っていた。かわりに、切れのあるスライダーを投げていた。

二回表、先頭の七番イチローがレフト前ヒットで出塁すると、次のジョンソンは四球を選び、無死一、二塁となった。続くウィーラーがバントをうまく決め、走者をそれぞれ進塁させた。打線が一巡し、一番ガードナーのショートゴロで、イチローが生還、ジョンソンが三塁へ進んだ。しかし、ジーターがショートゴロに倒れ、一点の追加で終わった。

二回裏の田中は、先頭のマーフィーに初球を打たれて、ライト前ヒットを許した。だが、田中は落ち着いて、次打者ゴームズを空振り三振。続くディカーソンにはショートゴロを打たせ、マーフィーを二塁でアウト。しかし、またも一番キプニスに、初球をセンター前ヒットにされた。しかも隙をつかれて、盗塁まで決められた。田中は気を取りなおし、カブレラを二塁ゴロに仕留めて、ピンチを脱した。

三回、四回をともに三者凡退で切り抜けた田中だったが、五回裏、先頭のディカーソンにヒットを許すと、二死からブラントリーにタイムリーツーベースを打たれて、一点を失った。六回表、バウアーはヤンキース打線を三者凡退。六回裏、田中は先頭のチゼンホールに、またもや初球をライト前へ運ばれた。すると、次打者のスウィッシャーに四球目のスライダーをとらえられ、打球は軽々と一二二メートルもの距離を飛んで、右中間のスタンドで跳ね返った。二ランである。ヤンキースは、三対四と逆転された。

七回裏もマウンドに上がった田中は、打者二人を四球でアウトにしたあと、三人目のブラントリーを打席に迎えた。そして、甘く入った直球を、ふたたび右中間へ叩きこまれた。

ジラルディ監督はブルペンをチェックし、田中が続くサンタナにもヒットを許すと、ミシガン州出身の左腕マット・ソーントンと交代させた。マウンドをあとにする田中の姿を見て、いったいなにが起きたのかはかりかねた『ニューヨークタイムズ』紙は、ノックアウトされた日本人ルーキーを「どことなく責任を回避しているような様子」だと評した。

田中自身は、「真ん中に球が集まったところを確実に打たれてしまった。修正していかないといけません」と話している。

まだ試合は続いていたが、降板した田中は、右肘に痛みがあることをトレーナーに告げた。ジラルディ監督は、その夜の田中の投球に異変があるとは感じていなかった。だが、トレーナーから報告を受けると、ダメージを最小限に食い止めるため、ただちに田中を一五日間の故障者リスト入りにした。そして、翌日には直行便でニューヨークへ向かわせ、ＭＲＩ検査を受けさせた。当時、ヤンキースのチームドクターのクリス・アフマド博士は、ワシントン州シアトルで開催中の米国整形外科スポーツ医学会に参加していたが、ＭＲＩ検査の写真を見るだけではなく、田中を直接診察したいと望んだ。



▼1　内側側副靱帯（MCL）ともいう。前腕の内側（小指側）にある尺骨と、上腕骨をつなげる役割がある。

そこで、翌一〇日、田中はMRIの検査結果をたずさえてシアトルへ飛び、アフマド博士の診察を受けた。博士は、右肘関節の尺側側副靱帯[1]（UCL）に、部分的な断裂があることを即座に発見した。靱帯という組織は血流が乏しいため、いったん損傷すると治りにくく、投手にとっては致命的な結果につながりかねない。これまで大勢の野球選手が、傷《いた》んだUCLを切除し、身体の別の部位の正常な腱と取り替えるトミー・ジョン手術を受けてきた。腱移植によるこの再建術は、故フランク・ジョーブ博士によって考案されたもので、初めてこの治療を受けたロサンゼルス・ドジャースの名投手トミー・ジョン[2]にちなみ、彼の名前で呼ばれるようになった。手術によって、たいていの選手の利き腕は回復するが、代償も大きい。実戦に復帰するまで、一年から一年半ほどかかるのだ。ジョーブ博士が初めて手術をおこなった一九七四年、その成功率は一〇〇人に一人程度だった。術後、ジョンは一シーズンを棒に振った。治療を受ける前、ジョンは一二四勝をあげていた。そして手術から回復したあと、さらに一六四勝をあげることに成功した。二〇〇九年の時点で、トミー・ジョン手術の成功率は、当時の一パーセントから、八五〜九二パーセントまで上昇している。

田中将大が手術を受けなくてすむように祈っているのは、球団だけではなかった。田中も、この手術のことは熟知していた。日本でも、非常に有名な治療法だったからである。

メディアは、田中の状態をくわしく聞き出そうとして、ジョー・ジラルディ監督のもとに押し寄せた。「現在、彼は故障者リスト入りしている」と監督は述べるにとどめ、詳細を語ろうとはしなかった。「先発投手を失うのは、つねに大きな痛手だ。その選手のかわりを見つけるのは、



▼2　ジョンは1963〜89年まで、手術後の1975年をのぞく26シーズン、メジャーで活躍した。通算成績は288勝231敗4セーブ、防御率3.34、投球回数4710回3分の1、奪三振数2245。

容易なことではないからね」。監督は、自分の言葉の意味をわきまえていた。現在、先発投手陣の八割が、故障者リストに名を連ねている。そして、チームの柱だった日本人ルーキーは、少なくとも九月まで戦線に復帰できない。

それでさえ、もし運がよければ、の話だった。

# 第26章 未来に向かって

　七月八日夜のインディアンス戦に負けた田中に対するメディアの評価は、辛辣なものが多かった。一試合に一〇安打五失点という成績は、ファンの田中離れまで誘発するかもしれなかった。なにしろこの敗戦のせいで、首位とのゲーム差は四に開いてしまったのだから。

「あいつがちょっとでも失点すると、すぐ大袈裟《おおげさ》に騒ぎたてる」と、捕手のブライアン・マキャンが言った。「あいつだって人間なんだぜ」

　田中は、ＭＲＩ検査を受けるためにニューヨークへ舞いもどった自分をかばってくれるチームメイトたちに、心から感謝した。ニューヨークの戦士たちにしてみれば、先発投手陣が四人も戦線離脱している状況なのだ。イバン・ノバは四月にトミー・ジョン手術を受け、ＣＣ・サバシアは右膝の炎症で五月の半分を治療に費やしたあと、七月一日から六〇日間の故障者リスト入りになり、マイケル・ピネダは肩甲骨を動かす大円筋を傷めて、五月のなかばから治療してみたが思わしくなく、六月四日に六〇日間の故障者リストへ移動した。そして今、田中も一五日間の故障者リストに入ってしまった。ヤンキースの首脳陣も選手たちも、田中までトミー・ジョン手術という結果にならないように、と祈っていた。

田中がニューヨークへ向かった九日の夜、ヤンキースはインディアンスとの四連戦の第三戦にのぞみ、延長一四回の死闘を制して、五対四で勝利した。試合終了後、戦士たちは喜びに沸いた。とにかくタフな試合だったのだ。しかし、ロッカールームに引きあげたあと、チームのエースがMRI検査のためにニューヨークへもどった、という知らせを聞いたとたん、部屋は静まりかえった。

「田中は今シーズンの救世主だ」と、テシェイラは述べた。「おれたちが優勝争いを続けていられるのは、あいつのおかげさ。自分が本調子でないときだって、チームが勝利するチャンスを作ってくれる。本物のエースだよ」

田中の故障は、新しいものだった。二〇一四年の一月、ヤンキースが彼と契約をむすぶ前におこなったMRI検査では、尺側側副靱帯（UCL）にはいかなる断裂もなかった。そして田中自身の感覚では、数日もすると、右肘の痛みはずっとよくなった。なにはともあれ、ひとつだけたしかなことがある、と田中は思った。自分は絶対にあきらめない。自分を育ててくれた両親と日本が、その大切さを教えてくれた。いや、日本のすべての子供たちが、その精神を教えられながら育ってきたのだ。

いったいなにが原因で靱帯を損傷したのだろう、と田中は考えた。そして、今シーズンが開幕する頃に黒田博樹と交わした会話を思い出した。そうだ、あれはスプリットについての話だったた



▼1　ヤンキースからFAとなったイチローは、2015年1月23日に、ナショナル・リーグのマイアミ・マーリンズと1年契約をむすんだ。メジャー14年間の通算成績は、8964打数2844安打、112本塁打、717打点、487盗塁、打率.317、出塁率.360。

――肘に負担がかかりすぎる球種なのかどうか、ということだった。それでもまあ、雨のあとには晴れが来る、と言うじゃないか？　これから回復に向けて、治療とリハビリテーションをしていかなければならないが、そのあいだは、たっぷり休養を取れるのだ。実際にリハビリに入ったらどんな感じなのだろうと思ったが、それがうまくいくことは、ひとつも疑っていなかった。田中はアメリカで俗に言う〝コップに半分も水が入っている《グラス・ハーフ・フル》〟と考えるタイプの人間だった。半分しかない、と悲観したりはしない。球団側も、リハビリで事態が好転するほうに賭けていた。結局のところ、ヤンキースは全員がニューヨークの戦士であり、侍なのだ。ヤンキースの誰もが、彼らの仲間である日本人の侍たちと同じ精神を共有していた。その侍とは、鈴木一朗▼1であり、黒田博樹▼2であり、そしてもちろん、田中将大だ。たとえ苦難の多いシーズンであろうと、ヤンキースは脱落することを潔しとしない。それこそ、彼らが同じ精神でむすばれていることの、なによりの証拠だった。しかし、最終的に、二〇一四年のポストシーズン進出を目指す彼らの努力が、実をむすぶことはなかった。

　田中の状況について報道発表する際、ゼネラルマネージャーのブライアン・キャッシュマンは、次のように語った。「彼は、たぐいまれな才能と闘志をそなえた選手です。われわれは、この方法でどのような効果があがるかを見守っていきます」。キャッシュマンの言う方法とは、治療とリハビリのことだった。

　シアトルで、田中は最悪の結論からはまぬがれた。田中の右肘を診察した三人の医師は、靱帯の断裂はごく一部分で、手術は推奨しないという見解で一致した。もちろん、手術の可能性は除



▼2　同じくFAとなった黒田は、2014年12月末に、広島カープへの復帰を決めた。8年ぶりの古巣への帰還となる。

外しないが、現段階では、一年半の長期離脱の必要性はないだろうと考えたのだ。そのかわり、自己多血小板血漿（ＰＲＰ）療法[3]を施行したあと、六週間のリハビリをおこない、戦列に早期復帰できるかどうか経過を見ることにした。それで回復がはかばかしくない場合は、トミー・ジョン手術に踏みきり、一年から一年半かけて全快するのを待つ。

損傷の詳細が判明した翌日、田中は球団をとおして、英訳の謝罪文を発表した。それは自分が所属するチームに対してだけでなく、アメリカや全世界にいる彼のファン、母国で彼を応援してくれている人々にあてたものだった。

「このほど球団から発表がありましたように、これから数週間かけて、故障した肘の治療とリハビリテーションに専念することになりました。ぼくはいつも、全身全霊を傾けてボールを投げています。ですから、ぼくの愛するこのスポーツを続けているかぎり、なんらかの負傷をする可能性があることも、わかっています」

日本では、たいてい、どの野球チームもだるまを飾っている。新年に買いもとめ、古くなったものはお焚き上げ[4]をしてもらう。だるまに祈願をするときは、まず、願いをこめて片方だけ黒眼を描き入れる。そして、願いをかなえるために精進する。願いが成就したら、だるまに感謝して、もうひとつの眼を入れる。それを〝両眼が開いた〟という。

もし田中が自分のだるまを持っていたら、すでに両眼を開ける資格があるといっていいだろう。ニューヨーク・ヤンキースの選手としてアメリカの地を踏んだときに立てたさまざまな目標は、ある意味、達成されたのだから。きびしい戦いが続くメジャーリーグで、田中は開幕以来、勇猛



▼3　自分の血液から抽出した、血小板を多くふくむ血漿（PRP）を患部に注射する治療法。組織修復や創傷治癒の促進を目的とする。

▼4　古いだるまを燃やして供養（お焚き上げ）することを「だるま供養」という。新年の左義長の日や節分を供養の日にしている寺社が多い。

果敢にチームを牽引してきた。

「今のぼくがしなければならないことは、うなだれずに前を向いて、目の前の任務に集中し、負傷の治療に専念して、強くなってもどってくることだと考えています」と、田中は続けた。

二〇一四年の一月、アメリカの野球シーズンがはじまる前、ひょっとしたら田中は、日本の伝統を踏まえて新しいだるまを買い求めたかもしれない。もしかしたら、日本や世界にいる彼の大勢のファン、日本のチームメイトたちも、彼の成功を願ってだるまを買ったかもしれない。

「この時期に力になれなくなってしまったことを、ヤンキースの球団関係者、チームメイト、そしてファンの皆様にお詫びしたいと思います。ぼくは、この負傷を自分に与えられた試練だと受けとめ、この困難を克服するためにできるかぎりの努力をし、一刻も早くマウンドへ戻ってくることを誓います」

田中将大は、ニューヨークと日本の侍だった。彼のリハビリは順調に経過した。

九月二一日のトロント・ブルージェイス戦は、田中の友人であり、よき理解者であるデレク・ジーターが、週末のヤンキー・スタジアムで戦う最後の試合だった。試合後の記事の見出しが、すべてを物語っていた。

## 田中将大の好調な復帰がヤンキースに希望を与える

田中は五回三分の一を好投し、ヤンキースの五対二の勝利につなげた。ジーターは七回裏にタイムリーツーベースを放ち、ガードナーが三点目のホームを踏んだ。AP通信は、次のように書



▼5　28日の最終戦は、2試合連続で1番イチロー、2番ジーターの打順。イチローは3打数1安打2打点、ジーターは2打数1安打1打点。ジーターの通算安打数は3465となった。イチローは102安打、打率.284で2014年のシーズンを終えた。

いた。「ジーターが去り、田中が還《かえ》る」

ジョー・ジラルディ監督は、翌週九月二七日の土曜日、ボストンのフェンウェイ・パークでおこなわれたボストン・レッドソックス戦にも、田中を登板させた。ジーターはこの日、通算三四六四本目のヒットを放ち、翌二八日のレッドソックス戦が、メジャーリーグ最後の試合となった。[5]

田中が登板した二七日の試合は、チームは四対一〇で敗れた。ジラルディ監督は、わずか一回三分の二で田中を降板させたが、日本の侍は、七安打で七失点（自責点五）という今季最多失点の試合内容を、右肘の負傷のせいにはしなかった。[6]アメリカのことわざのとおり、〝勝つときもあれば、負けるときもある〟。

野球とは、そういうものなのだ。

「身体と腕の調子は、まったく問題ありません」と田中は述べた。「ただ、今日はキレのある投球ができませんでした。でも、身体と腕はだいじょうぶです」

「ぼくはただ、きちんとローテーションを守れるように努め、あとはベストを尽くすだけです。今シーズンの前半と来シーズンに関していえば、来シーズンはもっとがんばりたい。いい形で開幕できれば、波に乗れるんじゃないかと思います」。田中はそう言って、微笑んだ。グラスには半分も水が入っている。そして、腕は痛んでいない。田中の心はすでに、来年のフロリダでの春季トレーニングを見すえていた。

栄光のあとには、挫折があった。挫折の先には、また栄光が待っているだろう。



▼6　田中の2014年の成績は、13勝5敗、防御率2.77、投球回数136回3分の1、奪三振数141。

# 訳者あとがき

田中将大には華がある。

もちろん、華のある野球選手は大勢いるし、その魅力も多種多様、千差万別だといっていい。哲人、鉄人、いぶし銀、色気、愛嬌、寡黙、誠実、覇気、凄味、貴公子、泰然自若など——実力に裏打ちされた彼らの個性がいかなるものにせよ、その選手が登場すると、グラウンド全体がぱっと輝くような気がする。ファンにしてみれば「待ってました！」と、思わず喝采を送ってしまう瞬間だ。

では、田中将大をひと言であらわすとしたら、なんだろう？　それがなかなかにむずかしい。楽天の野村克也元監督の名言、「マー君、神の子、不思議な子」が頭にこびりついているからかもしれない。そう、たしかに田中は不思議な選手だ。野村監督の名言の根拠となった、負けそうなのに負けない強運の持ち主というだけでなく（この件に関しては『田中将大——ヒーローのすべて』〔黒田伸著、北海道新聞社、二〇〇八年〕にくわしい）、田中には昔から、なぜか劇的な場面や展開が用意されている。

田中の劇的なエピソードについては、野球ファンでなくても、さほど考えずにいくつかあげることができるにちがいない。おそらく、その筆頭にくるのが、二〇〇六年夏の第八八回全国高等学校野球選手権大会の決勝戦だろう。気迫を前面に押しだす田中将大、ピンチになっても表情を崩さない斎藤佑樹と、いずれ劣らぬ好投手を擁した駒澤大学附属苫小牧高校と早稲田実業学校の二日間にわたる死闘は、人々を画面や紙面に釘付けにしたばかりか、さながら弁慶と牛若丸のようにタイプの異なる両投手の投げ合いは、長く語り継がれる伝説となった。そして高校卒業後にプロ入りした田中が入団したのは、二〇〇五年からプロ野球界に新規参入したばかりの東北楽天ゴールデンイーグルス。だが、創設まもない球団と初々しさの残る田中の組み合わせは、なぜか未来そのものを象徴しているように感じられて、プロ野球ファンのひとりとしてはうれしかったことを思いだす。その後、田中は周囲の期待にたがわぬ成長を遂げた。二〇一三年には二四勝〇敗のシーズン無敗記録を打ち立て、楽天イーグルスと読売ジャイアンツとの日本シリーズでは、第六戦の先発登板試合でまさかの敗戦を喫したあと、翌日の第七戦で九回に登板し、三対〇のリードを守りきって、栄光の瞬間のマウンドにいた。

そして二〇一四年、田中はメジャーリーガーとなった。その一年目の軌跡を追ったのが、本書『田中将大、ニューヨーク・ヤンキースの超新星（原題 *Masahiro Tanaka: A Warrior of New York*）』である。

日本でのすばらしい成績をひっさげて名門中の名門ニューヨーク・ヤンキースに入団した田中への注目は、破格の契約金もあいまって、アメリカでも日本と同じくらい高かったようだ。本書は、第一部で、田中の契約から入団までのいきさつ、オープン戦での活躍、メジャーリーグのトピック、日米での野球の違いなどについて語る。また、記者たちによるインタビューも掲載されており、思わず笑いを誘われるようなエピソードの紹介や、アメリカ人が日本の野球少年たちのなにに関心を持っているかなども垣間見られ、興味深い。続く第二部と第三部では、田中の登板試合をひとつずつたどりながら、スプリットを武器に快進撃を続けていく田中の姿、アメリカでも話題になった不敗神話、周囲の評価などが綴《つづ》られる。それと同時に、田中がなにに苦しみ、なにを期待されながら勝数を重ねていったのか、ヤンキースがどのようにシーズンを送っていたのかも、浮き彫りにされていく。やがて訪れる右肘の負傷と戦線離脱の頃には、田中がいかにチームに必要とされ、かつ受け入れられていたかが、自然と納得できるだろう。そして、それは田中のすばらしい成績だけでなく、田中の真剣さや熱意、誠実さや謙虚さゆえだったこともよくわかる。

田中のチームメイトだったイチローや黒田博樹の存在、あるいはダルビッシュ有の活躍なども語られる。また、メジャーリーグに移籍した日本人投手の歴史、東日本大震災のときの楽天やプロ野球界の支援になどについても言及されているほか、田中が対戦したチームの簡単な歴史についても述べられている。本書によって、近いようで遠く、遠いようで近い日米の野球について、お互いの理解が進むのではないだろうか。作者のマイケル・パートは、ネイマールやメッシなど、サッカー選手関連の児童書を発表している作家である。そのせいか、作者の記述や視点には独特の優しさがあり、それも本書の特徴のひとつといえるだろう。

メジャーリーグに移籍した日本人投手の肘の故障について、アメリカでは、投球数の多さやスプリットの多投（フォークボールなど落ちる球はすべてスプリットと考えられている）を原因とする論が主流である。一方、投球制限やイニング制限を敷きながら育成されてきたアメリカ人選手、あるいはそれ以外の国の選手でも、大勢がトミー・ジョン手術を受けているという指摘もまた、事実である。ダルビッシュや田中が述べるように、中四日という登板間隔にも問題があるのかもしれない。願わくば、なにかひとつに原因を求めるのではなく、日米野球界の双方が多角的な視点から選手の故障を見なおして、よりよい調整方法、育成方法を模索していってもらいたいと思う。

さて、春は近い。もうすぐ新たなシーズンがはじまる。二〇一四年のシーズン後にも、さまざまな動きがあった。黒田博樹の広島カープへの復帰、松坂大輔の福岡ソフトバンク入団は、日本のファンにとってはうれしい知らせだったにちがいない。それぞれ八年ぶり、九年ぶりとなる日本球界への帰還である。また、最後まで去就が取りざたされたイチローは、ナショナル・リーグのマイアミ・マーリンズへの移籍が決まった。現在、メジャーリーグに所属する日本人選手は九名、マイナーリーグでは五名となる。そのなかで、もっとも注目を集める選手のひとりが田中であることは、まちがいない。がんばれ、マー君、そして日本の侍たち！

本書の訳出にあたっては、多くの方々のご協力を得た。翻訳家の友人である田栗美奈子さん、真喜志順子さん、濱田伊佐子さんは、それぞれ多忙であるにもかかわらず、快く翻訳作業に協力してくれた。訳稿にくまなく目をとおしてくださった青木耕平さんには、貴重な助言や指摘をいただいた。こうしたご支援がなかったら、時間との闘いになった本書の完成は、おぼつかなかったにちがいない。可能なかぎり原著者と連絡を取り、また事実確認に努めたが、なんらかのまちがいがあった場合は、すべて訳者の責任である。最後になったが、作品社の青木誠也さんには並ならぬお世話になった。この場をお借りして、すべての皆様に心よりお礼申し上げる。

二〇一五年一月

堤　理華

【著者・訳者略歴】

## マイケル・パート (Michael Part)

1949年、アメリカ・ウィスコンシン州生まれ。脚本家、作家。アメリカ版のアニメ「闘将ダイモス」などの脚本を担当。アメリカでベストセラーの子ども向け読み物シリーズ「ザ・ワイルド・サッカー・バンチ」（未邦訳）の編集も担当している。邦訳のある著書に、『ネイマール――ピッチでくりだす魔法』、『クリスティアーノ・ロナウド――ヒーローの夢がかなうとき』、『メッシ――ハンデをのりこえた小さなヒーロー』（以上樋渡正人訳、ポプラ社）。

## 堤理華 (つつみ・りか)

神奈川県生まれ。金沢医科大学卒業。麻酔科医、翻訳家、現同大学看護学部非常勤講師。訳書に、『サッカー界の巨大な闇――八百長試合と違法賭博市場』（作品社）、『ヴァージン――処女の文化史』（同、共訳）、『ミルクの歴史』、『パンの歴史』、『ケーキの歴史物語』、『真昼の悪魔――うつの解剖学』（以上原書房）、『少年は残酷な弓を射る（上・下）』（イースト・プレス、共訳）、『医学が歩んだ道』（武田ランダムハウスジャパン）などがある。「ダンスマガジン」（新書館）等で舞踊評翻訳なども手がけている。

# 田中将大、ニューヨーク・ヤンキースの超新星

2015年2月25日初版第1刷印刷
2015年2月28日初版第1刷発行

著　者　マイケル・パート
訳　者　堤理華
発行者　和田肇
発行所　株式会社作品社
〒102-0072 東京都千代田区飯田橋2-7-4
TEL.03-3262-9753　FAX.03-3262-9757
http://www.sakuhinsha.com
振替口座00160-3-27183

編集担当　青木誠也
装　幀　小川惟久
本文組版　前田奈々
印刷・製本　中央精版印刷株式会社

ISBN978-4-86182-521-7 C0075

【作品社の本】

## サッカー界の巨大な闇
### 八百長試合と違法賭博市場

ブレット・フォレスト、堤理華訳

巨大に成長した賭博市場と、その金に群がる犯罪組織の暗躍。
全貌解明に挑んだ元FIFA保安部長と、
実際に無数の八百長試合を演出した
"仕掛け人（フィクサー）"への綿密な取材をもとに、
FIFAがひた隠すサッカー界の暗部に迫る。
世界のサッカーは、すべて不正にまみれている！

ISBN978-4-86182-508-8